DENKEN UND RECHNEN 4

Erarbeitet von:
Gudrun Buschmeier
Henner Eidt
Julia Hacker
Claudia Lack
Roswitha Lammel
Maria Wichmann

Illustriert von:
Friederike Großekettler
Christine Kleicke
Martina Theisen

westermann

Der Stoffverteilungsplan im Lehrermaterial kennzeichnet die unverzichtbaren und die zusätzlichen Seiten.

Der Stoffverteilungsplan im Lehrermaterial kennzeichnet die unverzichtbaren und die zusätzlichen Seiten.

Der ICE Köln-Berlin – Entfernungen, Zeitspannen

Hannover
ab 16:00 Uhr
an 15:57 Uhr
110 km
Bielefeld
ab 15:06 Uhr
an 15:04 Uhr
68 km
Hamm
ab 14:40 Uhr
an 14:38 Uhr
30 km
Dortmund
ab 14:23 Uhr
an 14:20 Uhr
79 km
Düsseldorf
ab 13:31 Uhr
an 13:29 Uhr
39 km
Köln
ab 13:09 Uhr

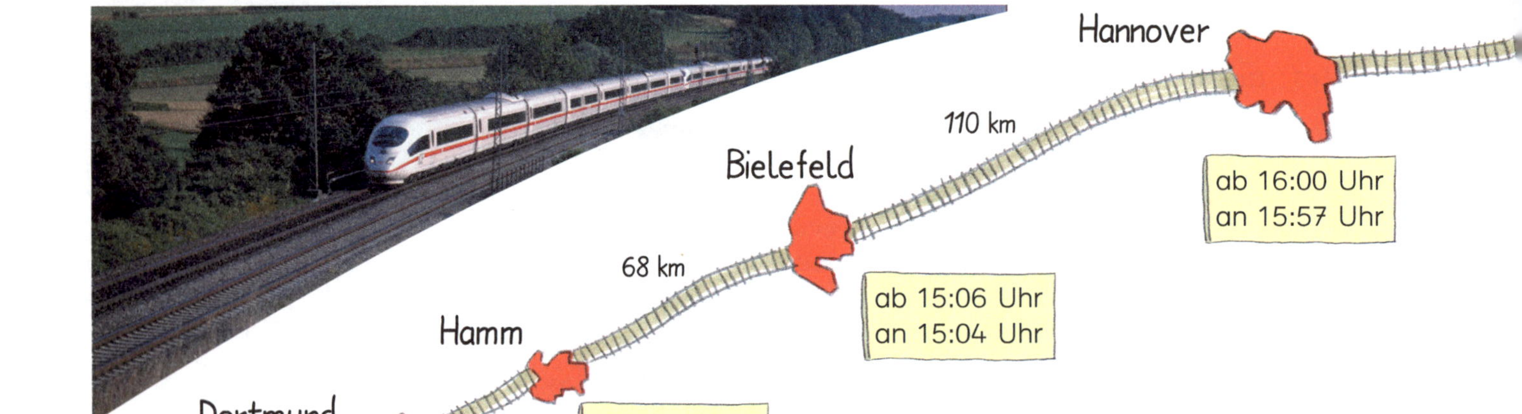

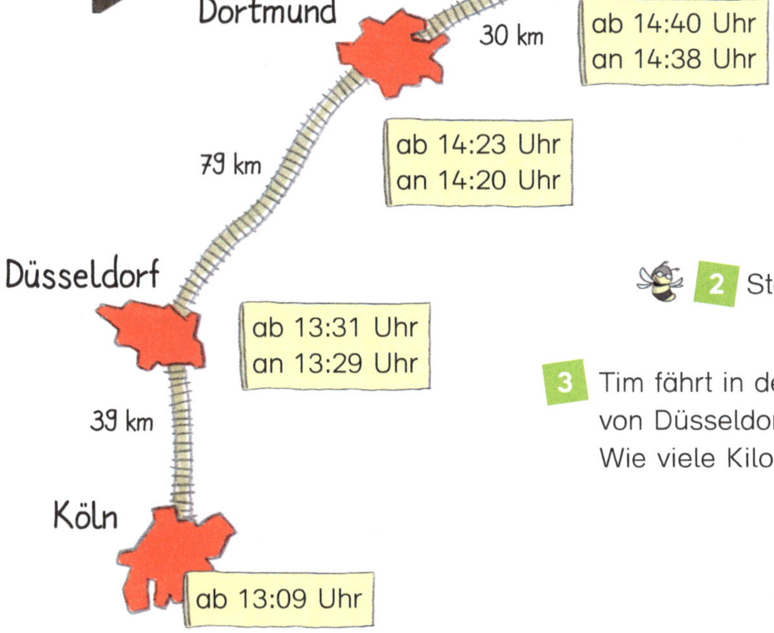

1 Wie weit ist es?

a) von Köln nach Dortmund.
b) von Hamm nach Hannover.
c) von Dortmund nach Bielefeld.
d) von Köln nach Hamm und zurück.

2 Stellt euch weitere Aufgaben zu dieser ICE-Strecke.

3 Tim fährt in den Ferien mit seinen Eltern im ICE von Düsseldorf nach Bielefeld. Wie viele Kilometer fahren sie? Zeichne diese Skizze.

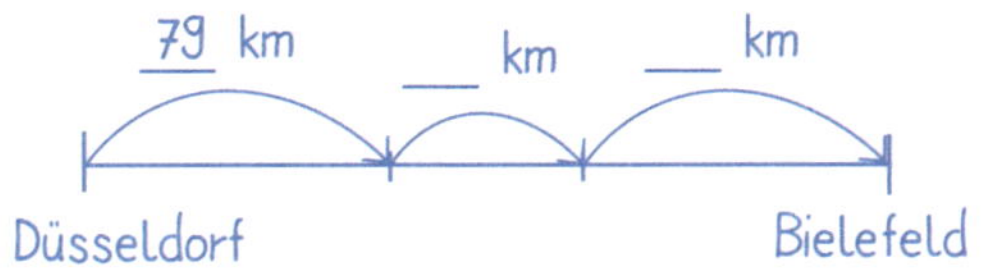

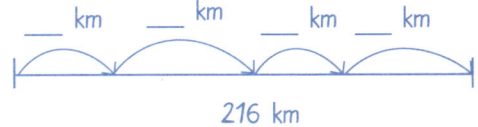

79 km
__ km
__ km
Düsseldorf
Bielefeld

4 Welcher Text passt zur Skizze? Frage, rechne, antworte.

__ km
__ km
__ km
__ km
216 km

A: Sophie fährt im ICE von Bielefeld nach Dortmund und zurück.

B: Paul fährt im ICE von Köln nach Bielefeld.

5 Sarah fährt mit ihren Eltern im ICE von Hamm nach Berlin und wieder zurück. Wie viel Kilometer fahren sie?

6

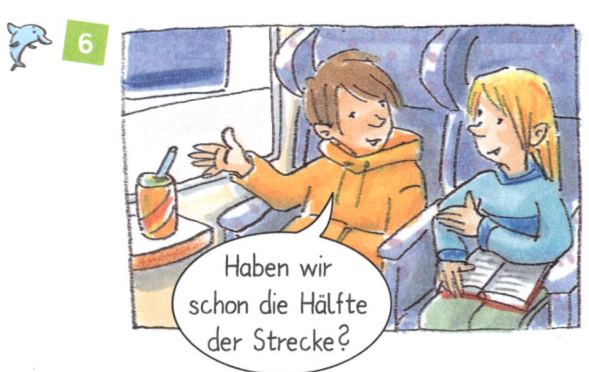

Haben wir schon die Hälfte der Strecke?

Max und Matilda fahren im ICE von Köln nach Berlin.
Der Zug hält gerade in Hannover.
Was würdest du Max antworten?
Zeichne eine Skizze, bevor du rechnest und antwortest.

5 Evtl. Skizze zeichnen.

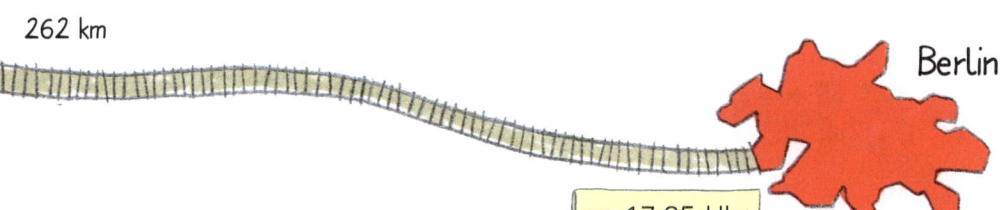

262 km

Berlin

an 17:35 Uhr

7
a) Wann kommt der ICE in Berlin an?
b) Wann fährt der ICE in Bielefeld ab?
c) Wie lange hält der ICE in Hannover?
d) Wie lange dauert die Fahrt von Bielefeld nach Hannover?
e) Wie lange dauert die Fahrt von Düsseldorf nach Dortmund?

8 David fährt mit seinen Eltern von Düsseldorf
nach Hannover.
Wie lange dauert die Bahnfahrt?
Zeichne eine Skizze.

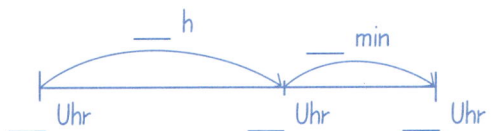

9 Wie lange dauert die Fahrt? Zeichne jeweils eine Skizze.
a) von Köln nach Düsseldorf.   c) von Hannover nach Berlin.   e) von Köln nach Berlin.
b) von Köln nach Hamm.   d) von Bielefeld nach Berlin.   f) von Hamm nach Bielefeld.

10 Welche Rechengeschichte passt zur Skizze? Zeichne, rechne und antworte.

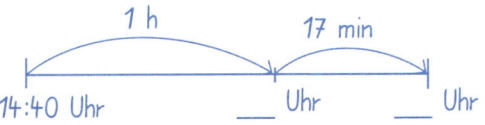

B
Franziska steigt um 14:40 Uhr
in Hamm in den ICE ein.
Wann kommt sie in Hannover an?

A
Der ICE kommt um 14:40 Uhr in
Dortmund an. Wie lange muss
Clara am Bahnhof warten?

C
Daniel möchte um 14:40 Uhr in
Dortmund abfahren. Der ICE hat
20 Minuten Verspätung.

11 Denke dir zu den Skizzen eine Rechengeschichte aus.
a)
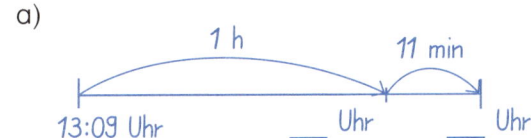
b)
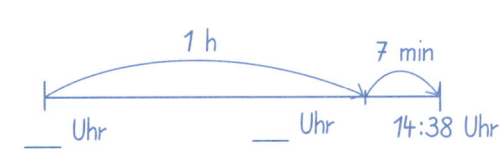

 12 Welche Strecke fahren die Kinder?
a) Jule fährt 51 min.   d) Ole fährt 2 h 29 min.
b) Sarah fährt 20 min.   e) Max fährt 2 h 48 min.
c) Tim fährt 1 h 35 min.   f) Maria fährt 3 h 12 min.

8 Auch andere Skizzen zulassen.
Diff.: Die Fahrzeiten überprüfen unter www.bahn.de.

1

2 · 4

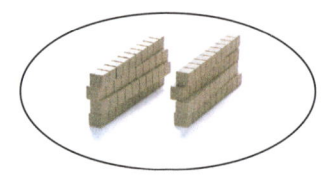
2 · 40

2 · 400

2

a)	9 · 6	b)	7 · 8	c)	8 · 6	d)	6 · 3	e)	9 · 8
	9 · 60		7 · 80		8 · 60		6 · 30		__ · __
	90 · 6		70 · 8		80 · 6		60 · 3		__ · __

f)	7 · 4	g)	6 · 4	h)	9 · 4	i)	4 · 5	j)	4 · 3
	70 · 4		60 · 4		90 · 4		__ · __		__ · __
	7 · 40		6 · 40		9 · 40		__ · __		__ · __

3 Wie viele Holzwürfel wurden verbaut?

obere Schicht   4 · 2 ⎫
mittlere Schicht   4 · 2 ⎬ **3**-mal
untere Schicht   4 · 2 ⎭

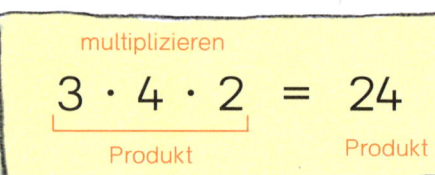

multiplizieren

3 · 4 · 2 = 24

Produkt   Produkt

4 a) Baut und multipliziert.

1. Quader

	1. Quader	
3 ·	3 ·	2

2. Quader

3. Quader

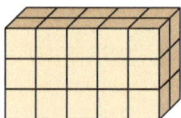

b) Wie viele Holzwürfel werden für den 4. und 5. Quader gebraucht?

5 a) Baut und multipliziert.

1. Quader

	1. Quader	
2 ·	5 ·	2

2. Quader

3. Quader

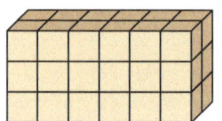

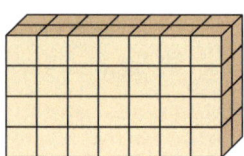

b) Wie viele Holzwürfel werden für den 4. und 5. Quader gebraucht?

c) Können im 7. Quader 175 Würfel verbaut sein? Begründe deine Antwort.

6

a)
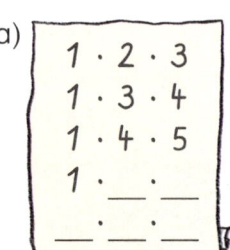
1 · 2 · 3
1 · 3 · 4
1 · 4 · 5
1 · __ · __
__ · __ · __
_____

b)
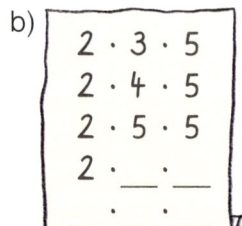
2 · 3 · 5
2 · 4 · 5
2 · 5 · 5
2 · __ · __
__ · __ · __
_____

c)
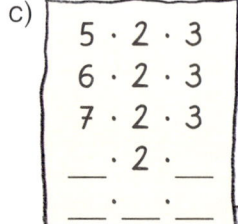
5 · 2 · 3
6 · 2 · 3
7 · 2 · 3
__ · 2 · __
__ · __ · __
_____

d)
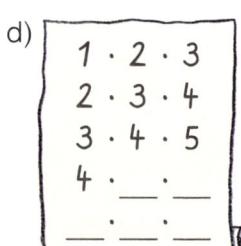
1 · 2 · 3
2 · 3 · 4
3 · 4 · 5
4 · __ · __
__ · __ · __
_____

Begriffe „multiplizieren" und „Produkt" einführen.

1

6 : 2

60 : 2

600 : 2

2 starke Päckchen

a)
28 : 7
280 : 7
280 : 70

32 : 8
320 : 8
320 : 80

b)
30 : 6
300 : 6
300 : 60

36 : 4
360 : 4
360 : 40

c)
40 : 8
400 : 8
400 : 80

56 : 7
560 : 7
560 : 70

d)
25 : 5
250 : 5
250 : 50

18 : 6
___ : ___
___ : ___

e)
35 : 7
___ : ___
___ : ___

81 : 9
___ : ___
___ : ___

3 starke Päckchen

a)
90 : 30
160 : 40
250 : 50
420 : 70
___ : ___

b)
80 : 4
100 : 5
120 : 6
140 : 7
___ : ___

c)
1000 : 10
810 : 9
640 : 8
490 : 7
___ : ___

d)
1000 : 1000
1000 : 500
1000 : 100
1000 : 50
___ : ___

4 Wie viele Würfel sind in jeder Schicht?
a) Tim hat aus 320 Würfeln den Quader A gebaut.
b) Lisa hat den Quader B aus 420 Würfeln gebaut.
c) Emma brauchte für ihren Quader 180 Würfel.

A

B

dividieren

270 : 3 = 90

Quotient   Quotient

5 Wie viele Würfel könnte jede Schicht enthalten?
a) Aus 480 Würfeln wurden zwei gleich große Quader gebaut.
b) Drei gleich große Quader wurden aus insgesamt 360 Würfeln gebaut.

6
a) Wenn ich meine Zahl mit 50 multipliziere, erhalte ich 250 als Produkt.

b) Wenn ich meine Zahl durch 8 dividiere, erhalte ich 40 als Quotient.

c) Wenn du 120 verdoppelst und dann durch 4 dividierst, erhältst du meine Zahl.

d) Wenn du 600 halbierst und mit 3 multiplizierst, erhältst du meine Zahl.

e) Wenn du 50 mit 3 multiplizierst und das Produkt verdoppelst, erhältst du meine Zahl.

f) Wenn du 480 durch 80 dividierst und den Quotienten halbierst, erhältst du meine Zahl.

Begriffe „dividieren" und „Quotient" einführen.

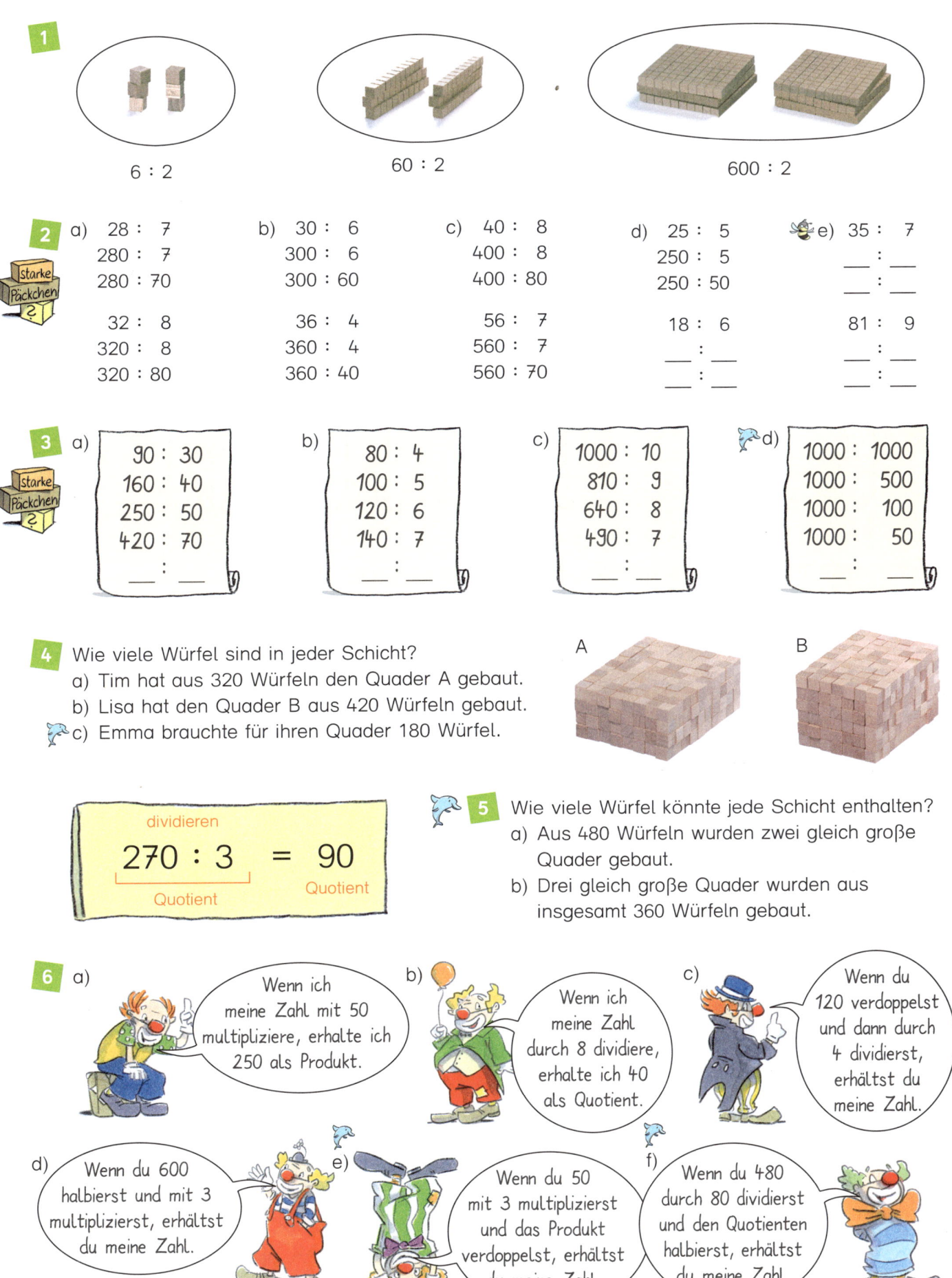

1 Häufige Rechenfehler:

A Einer stehen nicht unter Einern. **B** Übertrag vergessen. **C** Ein Übertrag zu viel. **D** Ziffern falsch addiert.

```
  4 8 8
+ 2 5 4
    1
  6 4 2
```
Lina

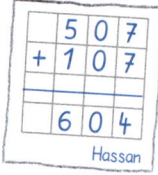
```
  3 9 5
+ 2 2 4
    1
  6 2 9
```
Konstantin

```
  5 0 7
+ 1 0 7

  6 0 4
```
Hassan

```
   5 5
+ 2 3 8

  7 8 8
```
Emma

```
  3 0 6
+ 2 8 7
   1 1
  6 9 3
```
Daniel

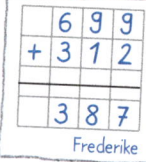
```
  6 9 9
+ 3 1 2

  3 8 7
```
Frederike

```
  5 5 0
+ 1 7 9
   1 1
  5 9 0
```
Lian

a) Welche Fehler haben die Kinder gemacht?

b) Rechnet richtig.

 Lina: Fehler B

2  starke Päckchen?

a)
```
550 + 250
550 + 253
550 + 256
550 + 259
___ + ___
```

b)
```
461 + 140
561 + 139
661 + 138
761 + 137
___ + ___
```

c)
```
170 + 85
270 + 80
370 + 75
470 + 70
___ + ___
```

d)
```
400 + 444
398 + 444
396 + 444
394 + 444
___ + ___
```

e)
```
684 + 212
684 + 210
684 + 202
684 + 200
___ + ___
```

f) Welches Päckchen beschreibt Jessica? Ergänze.

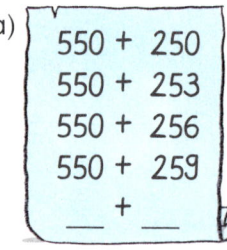

„Ich addiere immer zu der gleichen Zahl.
Die zweite Zahl wird immer um _____ größer.
Deshalb wird die Summe _____ ."

g) Sucht andere Päckchen aus. Beschreibt sie euch gegenseitig.

3  starke Päckchen? Erfinde ein Päckchen, das zu Alexanders Beschreibung passt.

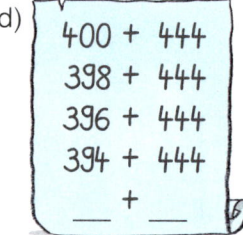

„Die erste Zahl wird immer um 20 größer.
Die zweite Zahl wird immer um 20 kleiner.
Wie ändert sich die Summe?"

```
___ + ___
___ + ___
___ + ___
___ + ___
```

4   Welche Ziffern fehlen?

a)
```
  3 □ 2
+ 2 4 □
  □ 7 9
```

b)
```
  □ 2 □
+ 1 □ 3
  8 7 2
```

c)
```
  6 8 □
+ 2 □ 2
  □ 2 7
```

d)
```
  4 7 9
+ 2 □ 3
  □ 1 □
```

e)
```
  3 7 □
+ □ 8 8
  6 □ 5
```

f)
```
  6 □ 2
+ □ 3 8
  8 3 □
```

5 a)
```
  2 3 4 5
+ □ □ □ □
  9 1 3 4
```

b)
```
    9 9 9 9
+ □ □ □ □
  1 8 8 8 7
```

c)
```
    9 8 7 6
+ □ □ □ □
  1 5 3 0 8
```

d)
```
  1 8 8 7
+ □ □ □ □
  4 8 8 5
```

e)
```
    6 9 3 4 8
+ □ □ □ □ □
  1 9 7 8 6 5
```

6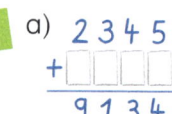

a) Addiere zur Zahl 143 die Zahl 372. Welche Summe erhältst du?

b) Welche Zahl musst du zu 589 addieren, um 763 zu erhalten?

c) Welche Summe erhältst du, wenn du die Zahlen 409 und 499 addierst?

3 Diff.: Eigene Päckchen erfinden und beschreiben.

1 Häufige Rechenfehler:

A Einer stehen nicht unter Einern. **B** Übertrag vergessen. **C** Ein Übertrag zu viel. **D** Ziffern falsch subtrahiert.

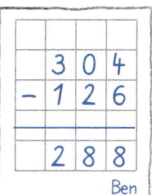
```
  3 0 4
- 1 2 6
-------
  2 8 8
```
Ben

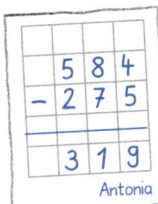
```
  5 8 4
- 2 7 5
-------
  3 1 9
```
Antonia

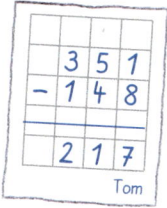
```
  3 5 1
- 1 4 8
-------
  2 1 7
```
Tom

```
  7 4 8
- 3 2 7
-------
  5 2 1
```
Leni

```
  9 6 0
- 8 5 2
-------
  4 7 8
```
Simon

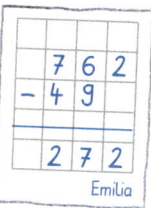
```
  7 6 2
-   4 9
-------
  2 7 2
```
Emilia

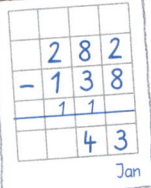
```
  2 8 2
- 1 3 8
  1 1
-------
    4 3
```
Jan

a) Welche Fehler haben die Kinder gemacht?
b) Rechnet richtig.

2

a)
847 − 698
847 − 699
847 − 700
847 − 701
___ − ___

b)
679 − 379
679 − 377
679 − 375
679 − 373
___ − ___

c)
573 − 280
563 − 270
553 − 260
543 − 250
___ − ___

d)
951 − 400
951 − 399
951 − 398
951 − 397
___ − ___

e)
753 − 384
755 − 375
757 − 366
759 − 357
___ − ___

f) Welches Päckchen beschreibt Jakob? Ergänze.

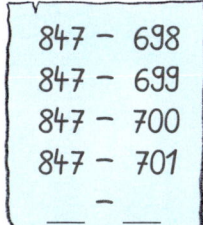

„Ich subtrahiere immer von der gleichen Zahl.
Die zweite Zahl wird immer um 2 kleiner.
Deshalb wird die Differenz _____ ."

g) Sucht andere Päckchen aus. Beschreibt sie euch gegenseitig.

3 Erfinde ein Päckchen, das zu Mias Beschreibung passt.

„Beide Zahlen werden um 50 kleiner.
Wie ändert sich die Differenz?"

```
___ − ___
___ − ___
___ − ___
___ − ___
```

4 Welche Ziffern fehlen?

a)
```
  5 3 □
- 2 □ 4
-------
  □ 1 4
```

b)
```
  7 3 3
- 2 □ 4
-------
  □ 2 □
```

c)
```
  4 2 □
- □ 4 5
-------
  2 □ 3
```

d)
```
  9 0 5
- □ 3 □
-------
  2 □ 1
```

e)
```
  □ 2 4
- 2 □ □
-------
  3 6 9
```

f)
```
  5 2 □
- 3 □ 2
-------
  □ 4 7
```

5

a)
```
  7 6 8 4
- □ □ □ □
---------
  4 1 3 9
```

b)
```
  6 9 7 4
- □ □ □ □
---------
  2 0 7 5
```

c)
```
  7 0 0 8
- □ □ □ □
---------
  1 0 1 9
```

d)
```
  5 6 0 7
- □ □ □ □
---------
  2 6 9 9
```

e)
```
  9 2 4 6 5
- □ □ □ □ □
-----------
    9 8 7 6
```

6

a) Welche Zahl musst du von 917 subtrahieren, um die Differenz 316 zu erhalten?

b) Subtrahiere die Zahl 451 von der Zahl 193. Welche Differenz erhältst du?

c) Subtrahiere die Zahl 326 von der Zahl 804. Welche Differenz erhältst du?

 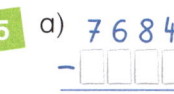

3 Diff.: Eigene Päckchen erfinden und beschreiben.
6 Ein Rätsel unlösbar.

1 Wo passen die Steine? Begründe.

13·5

7·5

2·5   4·5   3·5

6·5

> Punktrechnen geht vor Strichrechnen
> $2 \cdot 5 + 4 \cdot 5 = 6 \cdot 5$,
> denn $10 + 20 = 30$

$$2 \cdot 5$$
$$4 \cdot 5$$
$$\overline{6 \cdot 5}$$

2 a) ⟨72⟩

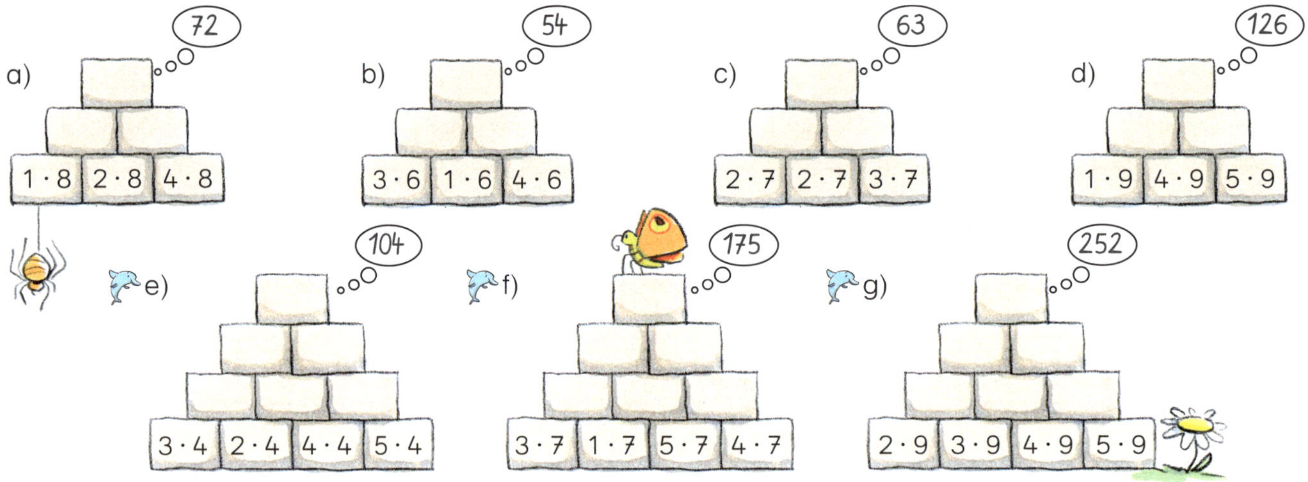

1·8   2·8   4·8

b) ⟨54⟩

3·6   1·6   4·6

c) ⟨63⟩

2·7   2·7   3·7

d) ⟨126⟩

1·9   4·9   5·9

e) ⟨104⟩

3·4   2·4   4·4   5·4

f) ⟨175⟩

3·7   1·7   5·7   4·7

g) ⟨252⟩

2·9   3·9   4·9   5·9

3 a)

11·3

5·3

3·3

b)

20·2

9·2

4·2

c)

20·6

11·6

5·6

d)

13·8

7·8

4·8

4 Hier kannst du geschickt zusammenfassen.

a) $5 \cdot 3 + 2 \cdot 3$ ⟨$7 \cdot 3$⟩
$5 \cdot 4 + 2 \cdot 4$
$5 \cdot 5 + 2 \cdot 5$

$4 \cdot 3 + 3 \cdot 3$
$4 \cdot 4 + 3 \cdot 4$
$4 \cdot 5 + 3 \cdot 5$

b) $2 \cdot 50 + 8 \cdot 50$
$3 \cdot 30 + 6 \cdot 30$
$7 \cdot 40 + 2 \cdot 40$

$6 \cdot 10 + 3 \cdot 10$
$6 \cdot 50 + 2 \cdot 50$
$4 \cdot 80 + 5 \cdot 80$

c) $8 \cdot 30 - 5 \cdot 30$
$9 \cdot 40 - 6 \cdot 40$
$3 \cdot 20 - 2 \cdot 20$

$4 \cdot 50 - 3 \cdot 50$
$6 \cdot 30 - 4 \cdot 30$
$7 \cdot 20 - 5 \cdot 20$

d) $7 \cdot 50 - 0 \cdot 50$
$9 \cdot 60 - 5 \cdot 60$
$6 \cdot 70 - 3 \cdot 70$

$5 \cdot 90 - 3 \cdot 90$
$8 \cdot 80 - 5 \cdot 80$
$5 \cdot 60 - 4 \cdot 60$

20   21   21   28   28   35   35   40   50   60   60   90   90   100   120   180   210   240   240   270   350   360   400   500   720

5 **Punktrechnen vor Strichrechnen.**

a) $9 \cdot 30 - 20 : 4$
$6 \cdot 80 - 36 : 6$
$7 \cdot 50 - 90 : 9$

b) $160 : 4 - 3 \cdot 6$
$540 : 9 - 8 \cdot 6$
$210 : 3 - 7 \cdot 7$

c) $5 \cdot 40 + 9 \cdot 8$
$4 \cdot 60 + 3 \cdot 9$
$8 \cdot 20 + 6 \cdot 5$

d) $72 : 8 + \quad 3 : 3$
$560 : 7 + \quad 80 : 4$
$280 : 4 + 120 : 3$

e) $200 : 5 - 48 : 6$
$560 : 7 - \quad 9 : 3$
$120 : 2 - 12 : 4$

f) $320 : 4 - \quad 9 : 3$
$810 : 9 - 24 : 6$
$630 : 7 - 54 : 9$

g) $80 \cdot 4 + 32 : 8$
$140 : 7 + 27 : 9$
$300 \cdot 0 - \quad 6 \cdot 0$

h) $42 : \quad 6 - \quad 1 \cdot 2$
$640 : 80 + 40 \cdot 4$
$90 \cdot \quad 5 - 60 : 3$

0   5   10   12   21   22   23   32   57   77   77   84   86   100   109   110   168   190   265   267   272   324   340   430   474

1 bis **3** Kopiervorlage nutzen.

1

$$4 \cdot (20 + 10)$$

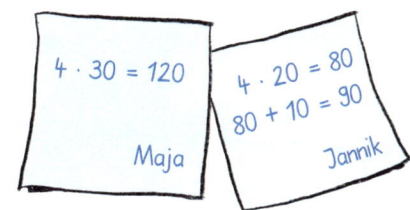

4 · 30 = 120

Maja

4 · 20 = 80
80 + 10 = 90

Jannik

Eine Aufgabe, zwei Lösungen. Nur eine Lösung kann stimmen!

Die Mathematiker haben diese Regel vereinbart:

$4 \cdot (20 + 10)$ **Zuerst in der Klammer rechnen.**

$4 \cdot$ 30

2 Beachte die Rechenregeln.

a) $3 \cdot (200 + 100)$
$3 \cdot 200 + 100$

b) $4 \cdot (90 + 20)$
$4 \cdot 90 + 20$

c) $120 : 20 + 20$
$120 : (20 + 20)$

d) $240 + 160 : 80$
$(240 + 160) : 80$

e) $2 \cdot (150 - 40)$
$2 \cdot 150 - 40$

f) $5 \cdot 30 - 20$
$5 \cdot (30 - 20)$

g) $420 : 7 - 1$
$420 : (7 - 1)$

h) $360 + 40 : 40$
$(360 + 40) : 40$

i) $4 \cdot (80 + 20)$
$4 \cdot 80 + 20$

j) $6 \cdot (40 - 10)$
$6 \cdot 40 - 10$

k) $300 : 50 + 10$
$300 : (50 + 10)$

l) $120 + 60 : 30$
$(120 + 60) : 30$

3 Welche Rechnung passt? Frage, rechne und antworte.

a)

A $(3 \cdot 50 \text{ ct}) + 20 \text{ ct}$
B $3 \cdot 50 \text{ ct} + 20 \text{ ct}$
C $3 \cdot (50 \text{ ct} + 20 \text{ ct})$
D $(3 \cdot 20 \text{ ct}) + 50 \text{ ct}$

b)

A $20 € \cdot 10 € \cdot 4$
B $4 \cdot (20 € + 10 €)$
C $(4 \cdot 20 €) + 10 €$
D $10 € + 20 € \cdot 4$

c) Erfinde eine Rechengeschichte zu dieser Aufgabe. $4 \cdot (20 + 5)$

4 Welche Rechnung passt zum Text?

a)

Addiere zu der Zahl 250 die Zahl 350 und dividiere die Summe durch 5.

A $(250 + 350) : 5$
B $250 + 350 : 5$

b)

Multipliziere die Zahl 30 mit der Zahl 7 und subtrahiere 40.

A $30 \cdot (7 - 40)$
B $30 \cdot 7 - 40$

c)

Dividiere 490 durch 7 und addiere 30.

A $490 : (7 + 30)$
B $490 : 7 + 30$

d)

Subtrahiere 80 von 480 und dividiere durch 10.

A $(480 - 80) : 10$
B $480 - 80 : 10$

2 Besprechen: Werden keine Klammern gesetzt, gilt die bekannte Regel: Punktrechnen vor Strichrechnen.

Ich kaufe 1 kg Mehl, brauche aber nur 250 g.

Vanille-Möhren-Muffins

ZUTATEN FÜR 12 STÜCK

- 100 g Butter
- 200 g Möhren
- 250 g Mehl
- 2 TL Backpulver
- 1/4 TL Salz
- 2 Eier
- 100 g Zucker
- 250 g Vanillejoghurt
- 30 g gehackte Mandeln
- 12 Papierförmchen

Möhren schälen und fein raspeln.
Alle trockenen Zutaten mischen.

Butter zerlassen. Eier mit Zucker, Butter und Vanillejoghurt verquirlen. Mehlmischung zügig unterrühren. Zum Schluss Möhrenraspeln unterheben.

Den Teig in die Förmchen füllen, mit den Mandeln bestreuen. Im Backofen (Mitte, Umluft 170) 30 min backen.

1 Wie viel kostet das Mehl für 12 Muffins?

Mehl

Gewicht	Preis
1 kg	1,20 €
500 g	
250 g	

: 2   : 2

2 a)

Möhren

Gewicht	Preis
1 kg	3,00 €
100 g	
200 g	

b)

Zucker

Gewicht	Preis
1 kg	0,80 €
500 g	
100 g	

c)

Butter

Gewicht	Preis
250 g	1,20 €
50 g	
100 g	

d)

Vanillejoghurt

Gewicht	Preis
100 g	0,60 €
50 g	
200 g	
250 g	

e)

Mandeln

Gewicht	Preis
100 g	0,90 €
50 g	
10 g	
30 g	

Hm. Lecker.

3 a) Berechnet die Gesamtkosten für zwölf Vanille-Möhren-Muffins.

b) Wie viel kosten drei Muffins?

Zutat	Preis
100 g Butter	0,48 €
200 g Möhren	

Backpulver, Salz und zwei Eier kosten zusammen 45 ct.

4 a) Wie teuer wären Vanille-Möhren-Muffins für alle Kinder deiner Klasse ungefähr?

b) Wie teuer wären Vanille-Möhren-Muffins für alle Kinder deiner Schule ungefähr?

5 Im Supermarkt kostet eine Packung mit sechs Muffins 2,59 €.

a) Vergleiche mit den selbstgemachten Muffins.

b) Für welche würdest du dich entscheiden?

6 Die Zutaten für einen Limoblechkuchen kosten 6,53 €.
Wie viel kosten die Zutaten für 2, 3, 4 Kuchen? Lege eine Preistabelle an.

Limokuchen	
Menge	Preis
1	
2	

Proportionalität besprechen. Halbe Menge bedeutet halber Preis.

1 Jedes Schuljahr hat ungefähr 185 Schultage.
Wie viele Schultage hast du am Ende der 4. Klasse geschafft?

Mein Weg:

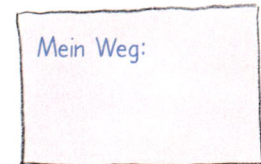

185
185
185
+ 185
   Nina

4 · 185
4 · 100
4 · 80
4 · 5
   Tilo

2 Rechne auf deinem Weg.

a) 5 · 35	b) 5 · 114	c) 9 · 106	d) 6 · 125	e) 9 · 202
6 · 23	7 · 125	6 · 141	7 · 101	5 · 483
8 · 51	2 · 183	4 · 151	8 · 109	4 · 199
3 · 94	3 · 199	3 · 186	3 · 174	3 · 276
0 · 36	1 · 186	5 · 145	4 · 154	6 · 384

0 36 138 175 186 282 366 408 522 558 570 597 604 616 707 725 750 796 828 846 872 875 954 1818 2304 2415

3
a) 355 71 5 9
b) 42 3 6
c) 13 8 7
d) 240 12 20
e) 400 0 0

4 Der Busfahrer fährt 485 km in der Woche für unsere Schule.
Wie viel Kilometer sind das an einem Schultag?

Mein Weg:

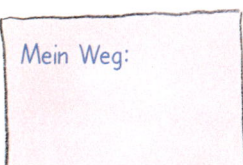

485 : 5
450 : 5
35 : 5   Tim

485 : 5
400 : 5
50 : 5
35 : 5   Mona

500 : 5
15 : 5
   Artur

5 Rechne auf deinem Weg.

a) 85 : 5	b) 396 : 3	c) 219 : 3	d) 203 : 7	e) 98 : 2
96 : 2	886 : 2	448 : 8	333 : 9	760 : 8
99 : 3	84 : 4	603 : 9	608 : 8	581 : 7
144 : 4	936 : 3	96 : 6	656 : 4	602 : 7
147 : 7	365 : 5	856 : 4	51 : 3	801 : 9
138 : 6	368 : 8	378 : 7	642 : 6	748 : 4

16 17 17 21 21 23 29 33 36 37 46 48 49 54 56 67 73 73 76 83 86 89 95 100 107 132 164 187 214 312 443

6
a) 245 7 63
b) 144 9 45
c) 234 3 12
d) 12 3 294
e) 15 3 201

Eigene Wege beschreiben, begründen und vergleichen.

1 Bauanleitung für einen Streifenwürfel.

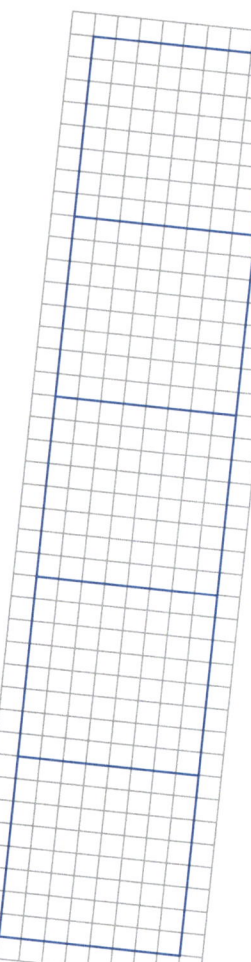

① Zeichne drei Rechtecke: Länge 20 cm, Breite 4 cm. Schneide sie aus. Teile jedes Rechteck in fünf gleich große Quadrate.

② Male die drei Streifen auf beiden Seiten in derselben Farbe an. Falte sie jeweils viermal.

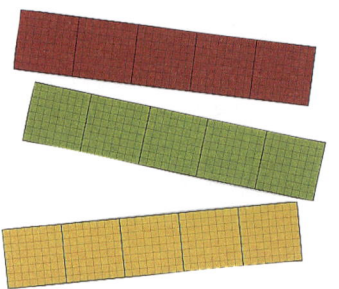

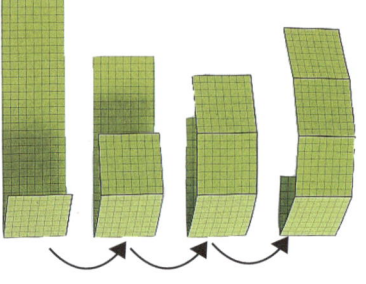

③ Lege aus zwei Streifen ein Kreuz.

④ Falte den roten Streifen hoch und lege die äußeren Quadrate übereinander.

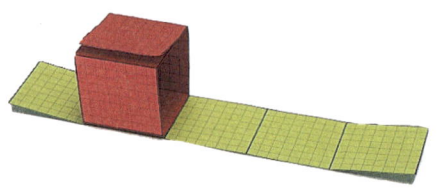

⑤ Falte den grünen Streifen darüber.

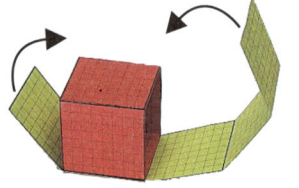

Jetzt sieht es so aus:

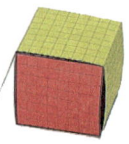

⑥ Schiebe den gelben Streifen vorne durch.

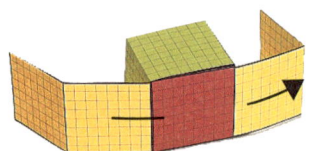

⑦ Stecke die Enden an den gegenüberliegenden Kanten ein.

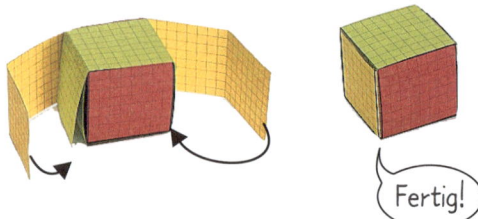

Fertig!

2 Überlegt zuerst und überprüft am fertigen Würfelgebäude.
a) Aus wie vielen Würfeln wurde das Gebäude gebaut?
b) Bestimme die Anzahl der quadratischen Flächen des Würfelgebäudes.
c) Wie viele rote, gelbe und grüne Quadrate sind jeweils noch sichtbar?

3 Mit diesen stabilen Würfeln könnt ihr verschiedene Würfelgebäude bauen.

1 Evtl. farbiges Papier nutzen. 3 Gruppenarbeit.

1 Sammelt große Zahlen in Zeitungen, Büchern und im Internet.

Der Mount Everest ist der höchste Berg der Welt. Er ist 8848 m hoch.

Der Mond ist zirka 384 000 km von der Erde entfernt.

Der Rhein ist etwa 1230 km lang.

Die Sonne ist an ihrer Oberfläche 5500 °C heiß.

Auf der Erde leben ungefähr 7 Milliarden Menschen.

Die Chinesische Mauer ist etwa 2350 km lang.

Ein Mensch hat etwa 100 000 Haare auf dem Kopf. Davon fallen täglich ungefähr 80 aus.

Es gibt 136 800 verschiedene Schmetterlingsarten.

Meine große Zahl:

2 Überlege, aus wie vielen kleinen Würfeln 🔲 die einzelnen „Hochhäuser" bestehen. Begründe.

A   B   C   D   E

1 Wandzeitung, Ausstellung oder Zahlenalbum gestalten.
Fermi-Aufgaben bearbeiten.

1 Lukas hat einen Zehntausender-Turm gebaut.

a) Wie viele Tausenderwürfel hat er gebraucht?

a)	$10\,000 = 1000 + 1000 + 1000 + 1000 +$
	$10\,000 = \quad \cdot 1000$
	Es werden ___ Tausenderwürfel gebraucht.

b) Wie viele Hunderterplatten wären das?

c) Wie viele Zehnerstangen würde er benötigen?

d) Wie viele Einerwürfel wären das?

2 Das sind 10 000 Erbsen.
Wie viele Kinder haben ihre 500 Erbsen hineingeschüttet?
Begründe deine Antwort.

Hausaufgabe:
500 Erbsen
mitbringen.

3 Immer 10 000. Zerlege in gleiche Teile.
Schreibe als Addition und als Multiplikation.

 starke Päckchen?

a) $10\,000 = 5000 + \underline{}$ $10\,000 = \underline{} \cdot 5000$

b) $10\,000 = 2500 + 2500 + \underline{} +$ $10\,000 = \underline{} \cdot 2500$

c) $10\,000 = 2000 + 2000 + \underline{} + \underline{} +$ $10\,000 = \underline{} \cdot 2000$

d) $10\,000 = 1000 + 1000 + \underline{} + \underline{} + \underline{} +$ $10\,000 = \underline{} \cdot 1000$

e) $10\,000 = 500 + \underline{} + \underline{} + \underline{} + \underline{} + \underline{} +$ $10\,000 = \underline{} \cdot \underline{}$

f) $10\,000 = \underline{} + \underline{} + \underline{} + \underline{} + \underline{} + \underline{} +$ $10\,000 = \underline{} \cdot \underline{}$

g) Finde weitere Zerlegungen.

4 Was machen wir mit den 10 000 Erbsen?

Aussäen!
Dann ernten wir
50-mal so viel.

Erbsensuppe kochen!
Für einen Teller Erbsensuppe
nimmt man ungefähr 250 Erbsen.

5 Welche **Zahlenfolgen** führen wohl genau zur Zahl **10 000**? Vermute und überprüfe.

a) 0, 1000, 2000, …

b) 0, 2500, 5000, …

c) 0, 1500, 3000, …

d) 5000, 5500, 6000, …

e) 6200, 6400, 6600, …

f) 8300, 8600, 8900, …

g) 2100, 2800, 3500, …

h) 6000, 6600, 7200, …

i) 4400, 4800, 5200, …

3 Material legen. Anzahl der Summanden vergleichen.
Entdecken: Je kleiner die Summanden, desto länger die Aufgabe.

1 Lege **T**ausenderwürfel, **H**underterplatten, **Z**ehnerstangen und **E**inzelne. Trage in eine Stellentafel ein.

a)

zweitausend … … dreihundert … zwanzig

	ZT	T	H	Z	E		Zahl		
a)		2	3	2	0		2320		

b) 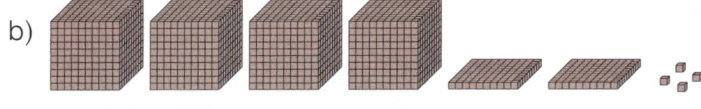   c)

d) 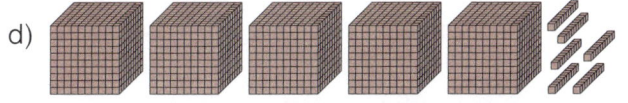   e)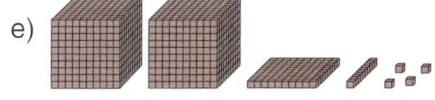

f) 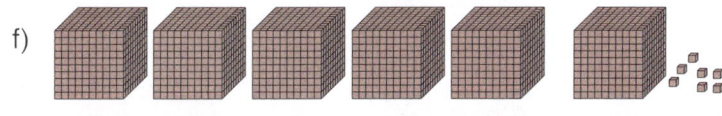   g)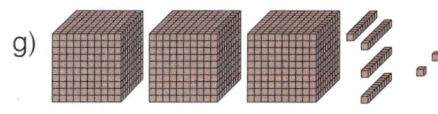

h)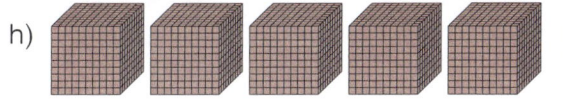

2 Lege. Wie heißt die Zahl?

a)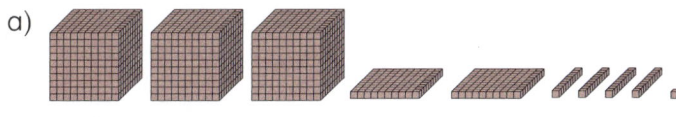

	ZT	T	H	Z	E
a)		3	2	4	1
b)					

b) 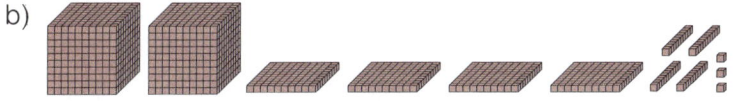   c)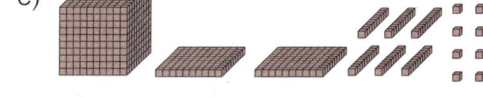

d) 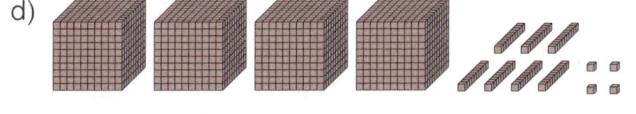   e)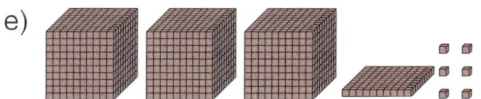

f) 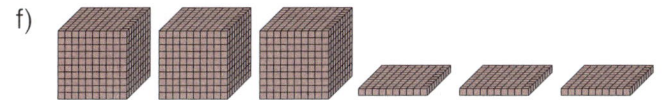   g)

3 Trage in eine Stellentafel ein. Lies die Zahlen laut.

a) 1 T   2 H   3 Z   4 E
   5 T   3 H   7 Z   2 E
   3 T   4 H   5 Z
   8 T   6 H   8 Z   2 E
   1 ZT

	ZT	T	H	Z	E
a)			1		

b) 8 T   3 Z   7 H
   6 T   6 H   3 E
   1 ZT 5 T   3 E
   4 H
   7 H   5 Z

c) 1 T   4 Z   3 E
   8 T   4 H   2 E
   2 T   5 E
   1 ZT 2 T   5 H
   1 ZT 6 Z   4 E

4 Trage in eine Stellentafel ein. Lies die Zahlen laut.

a) 3 Z   4 H   8 E   5 T
   5 T   8 Z   9 E   3 H
   7 H   1 ZT 3 T   2 E
   3 T   4 ZT 6 E
   1 E   5 Z   1 T   5 ZT

	ZT	T	H	Z	E
a)		5	4	3	8

b) 5 H   4 T   3 Z   10 E
   4 T   5 H   20 Z
   4 H   10 T
   5 T   3 H   20 E
   10 H   2 T   6 ZT

c) 8 T   3 H   26 E
   17 H   5 Z   8 E
   1 T   4 H   30 Z
   26 H   23 E
   2 T   34 H   56 Z

Kopiervorlage nutzen.

Aus Zahlenkarten vierstellige Zahlen aufbauen.

5 0 0 0   2 0 0   3 0   6   5 2 3 6   **5 236**

fünftausend– zweihundert– sechsunddreißig

1 Welche Zahl kannst du mit den Zahlenkarten zusammensetzen? Schreibe und lies laut.

a)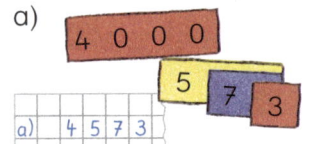
   a) 4 5 7 3

b)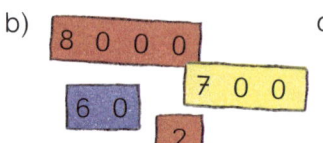

c)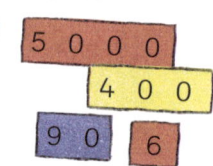

d)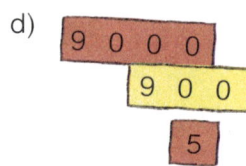

e)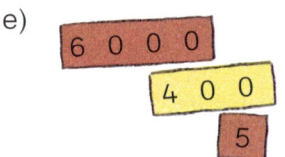

f)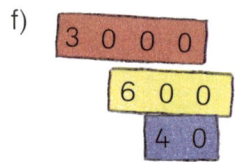

g)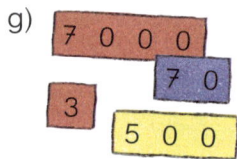

h)

2 Welche Zahlenkarten wurde zusammengesetzt? Schreibe die Additionsaufgabe.

a)     a) 6000 + 500 + 40 + 3 = 6543

b)

c)

d)

e)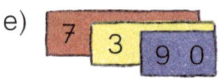

f)

g)

h)

i)

j)

3  8 0 0   5 0 0 0   7 0   6   4 0 0 0   6 0

Legt Zahlen mit diesen Zahlenkarten. Schreibt auf.
a) Fünf verschiedene Zahlen.
b) Die größte Zahl.
c) Die kleinste Zahl.
d) Alle Zahlen, die größer als 4 000 sind.

4  Diktiert euch die Zahlen. Schreibt sie auf.

a) neuntausendfünfhunderteinundzwanzig   a) 9 5 2 1
b) achttausendneunhundertsiebzehn
c) eintausendeinhundertfünfzig
d) viertausendsiebenhundertsechsundsechzig
e) siebentausendvierhundertsechzig
f) neunhundertneunundneunzig
g) viertausendvierhundertsechzehn

h) zweitausendfünfundneunzig
i) eintausendeinhundertfünfzehn
j) dreitausendachthundertsiebzig
k) achthundertfünfundzwanzig
l) viertausendsechshundertsechsundsechzig
m) Denkt euch weitere Zahlen aus.

1

T	H	Z	E

4 000

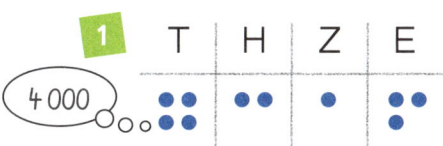

a) Wie heißt die Zahl?
b) Legt ein Plättchen dazu.
   Welche Zahlen können entstehen?

2 Wie heißt die Zahl jeweils?
Legt zwei Plättchen dazu. Welche Zahlen können entstehen?

a)

T	H	Z	E

b)

T	H	Z	E

c)

T	H	Z	E

3 Wie heißt die Zahl jeweils?
Nehmt jeweils ein Plättchen weg. Welche Zahlen können entstehen?

a)

T	H	Z	E

b)

T	H	Z	E

c)

T	H	Z	E

4 Milli legt mit den Plättchen die Zahl 4 320 in eine Stellentafel.

a) Nun legt sie ein Plättchen dazu.
   Wie viel größer ist die neue Zahl?

b) Nun nimmt sie ein Plättchen weg.
   Wie viel kleiner ist die neue Zahl?

5 a)

Ich lege drei Plättchen. Welche vierstelligen Zahlen können entstehen?

T	H	Z	E

Wie viele Plättchen könnten es sein?

b) Es sind doppelt so viele Einer wie Zehner, doppelt so viele Zehner wie Hunderter und doppelt so viele Hunderter wie Tausender.

c) Es sind halb so viele Zehner wie Hunderter, dreimal so viele Tausender wie Zehner und dreimal so viele Einer wie Tausender.

6 ## Hohe Hausnummer

Wer gewinnt wohl?

Die höhere Zahl gewinnt
(Würfelspiel für 2 bis 4 Spieler)

Jeder würfelt viermal und überlegt nach jedem Wurf, an welche Stelle die Ziffer geschrieben wird.

Lia				gewonnen x	
T	H	Z	E	ja	nein
6	4	3	1		

Elisa				gewonnen x	
T	H	Z	E	ja	nein
6	4	2	5		

Spielt.

W

7 Rechne schrittweise.

a) 3 5  6 12  14 16

b)  4 7 9 21  32 43

1 bis 4 Mehrere Möglichkeiten.
2 und 3 Nicht alle Möglichkeiten müssen gefunden werden.
5 und 6 Kopiervorlagen.

1 Leni hat die Zahlenkombination ihres Fahrradschlosses vergessen.
Sie weiß nur noch die Ziffern 1 5 7 9 .
Findet alle vierstelligen Zahlen.

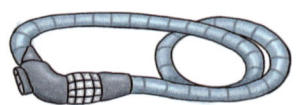

Lea	Lukas	Jule	Mein Weg:
5791	1579	1579	
9157	9751	1597	
5971	5179	1759	
1795	9715	1795	
	7159		
	9517		

Erklärt die Lösungswege.
Welchen Weg würdet ihr wählen? Begründet.

2 Bildet aus den Ziffern 2 4 5 8 alle möglichen vierstelligen Zahlen.

3 a) Bildet aus den Ziffern 4 5 7 9 alle vierstelligen **geraden** Zahlen, die möglich sind.

b) Bildet alle vierstelligen **ungeraden** Zahlen, die möglich sind.

W

4
a) 40 : 4	b) 30 : 3	c) 60 : 6	d) 80 : 8	e) 90 : 9
8 : 4	9 : 3	12 : 6	32 : 8	45 : 9
48 : 4	39 : 3	72 : 6	112 : 8	135 : 9

f) 60 : 3	g) 40 : 2	h) 80 : 4	i) 120 : 6	j) 140 : 7
21 : 3	18 : 2	20 : 4	30 : 6	28 : 7
81 : 3	58 : 2	100 : 4	150 : 6	168 : 7

5 Setze die Zahlenfolgen fort.
a) 32, 36, 40, …, 56
b) 56, 64, 72, …, 104
c) 63, 70, 77, …, 105
d) 81, 90, 99, …, 135

e) 60, 75, 90, …, 150
f) 72, 84, 96, …, 144
g) 70, 84, 98, …, 154
h) 64, 80, 96, …, 160

i) 25, 50, 75, …, 175
j) 35, 70, 105, …, 245
k) 0, 55, 110, …, 330
l) 46, 69, 92, …, 184

6 Rechne zuerst in der Klammer.
a) 3 · (2 + 4)
b) 4 · (3 + 6)
c) 7 · (5 + 2)
d) 9 · (7 + 3)
e) 6 · (6 + 2)

f) 8 · (20 + 20)
g) 6 · (30 + 50)
h) 5 · (40 + 60)
i) 4 · (70 + 40)
j) 7 · (50 + 40)

k) 4 · (100 − 90)
l) 5 · (100 − 70)
m) 3 · (85 − 15)
n) 6 · (72 − 32)
o) 8 · (105 − 25)

p) 7 · (150 − 40)
q) 9 · (240 − 150)
r) 6 · (480 − 180)
s) 8 · (210 − 140)
t) 4 · (160 − 90)

7 Rechne die Fahrzeiten aus.

Abfahrt	a) 14:06 Uhr	b) 16:35 Uhr	c) 17:15 Uhr	d) 18:55 Uhr	e) 19:45 Uhr
Ankunft	16:30 Uhr	17:00 Uhr	18:30 Uhr	19:20 Uhr	21:00 Uhr

1 bis 3 Jede Ziffer nur einmal verwenden.
1 Die Vorteile eines systematischen Vorgehens thematisieren.

1 a)

10 000 = 1 · 10 000
10 000 = 2 · ___
10 000 = 4 · ___
10 000 = 8 · ___

b)

10 000 = ___ · 10 000
10 000 = ___ · ___
10 000 = ___ · ___

2 a)

b)

a) 2 0 0 0 = 1 · 2 0 0 0
   2 0 0 0 = 2 ·

c)

d)

3

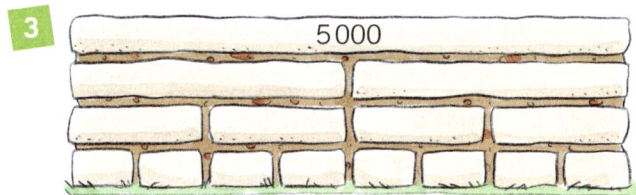

a) 5 000 = 1 · 5 000
   5 000 = 2 · ___
   5 000 = ___ · ___
   5 000 = ___ · ___

b) 5 000 : 1 = ___
   5 000 : 2 = ___
   5 000 : 4 = ___
   5 000 : 8 = ___

4 Welche Zahlen könnten passen?

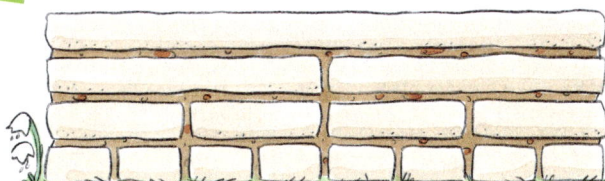

a) ___ = 1 · ___
   ___ = 2 · ___
   ___ = 4 · ___
   ___ = 8 · ___

b) ___ : 1 = ___
   ___ : 2 = ___
   ___ : 4 = ___
   ___ : 8 = ___

5 a) Wenn ich meine Zahl halbiere, habe ich 2 500. Wie heißt meine Zahl?

b) Wenn ich meine Zahl durch 10 dividiere, erhalte ich 500.

c) Wenn ich meine Zahl durch 4 dividiere, erhalte ich 500.

d) Der dritte Teil meiner Zahl ist 2 000.

1 und 4 Kopiervorlage nutzen.
Diff.: Das Zerlegen der „Mauern" fortführen, dabei die Teilbarkeit untersuchen.
4 Offene Aufgaben.

1

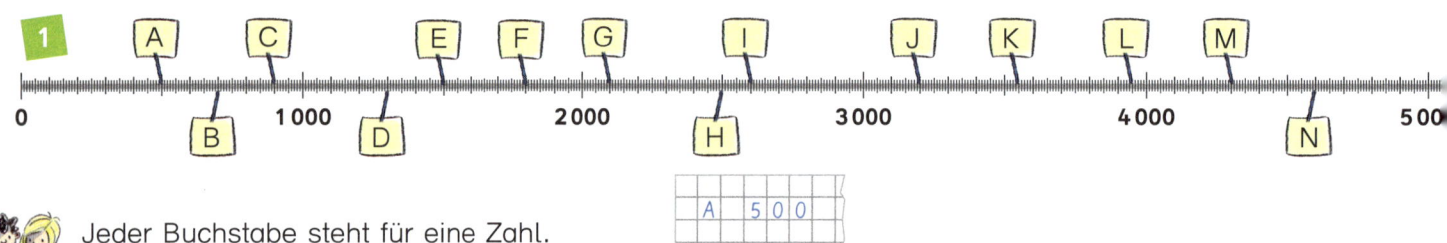

Jeder Buchstabe steht für eine Zahl.
Lest die Zahl laut und schreibt sie auf.

A	5	0	0
B	7	0	0

2 Zeige am Zahlenstrahl. Ordne jeweils nach der Größe.

a) 8 900 6 050 4 600 7 750 3 000

b) 5 430 4 530 3 540 5 340 4 350

c) 4 899 4 980 4 900 4 800 4 890

d) 933 1 093 1 033 9 130 1 930

3 Welche Zahl könnte es sein?

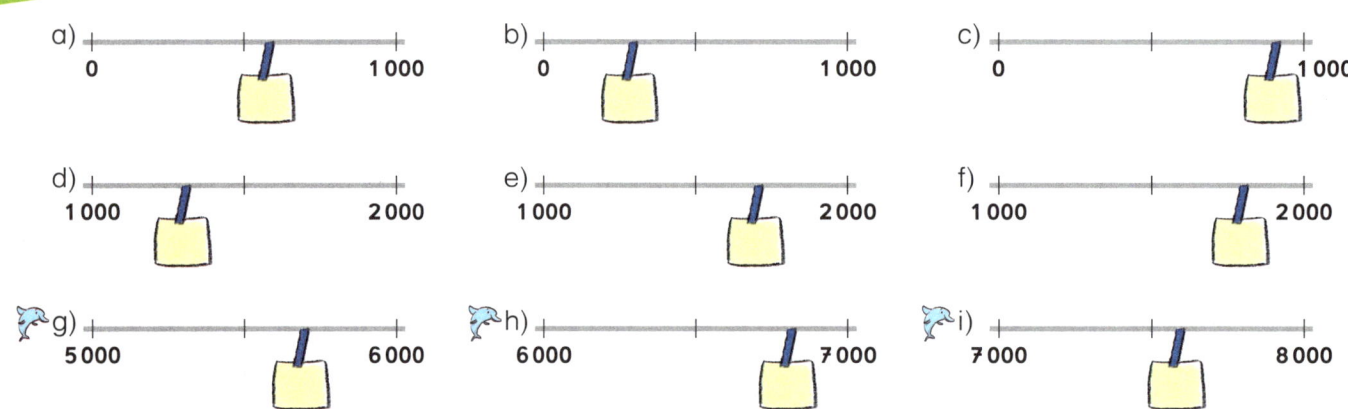

4 Finde die **Nachbarzahlen**.

a) 2 362 2361 Vorgänger 2363 Nachfolger

a) 2 3 6 1, 2 3 6 2, 2 3 6 3

b) 3 429

c) 2 300

d) 5 670

e) 6 700

f) 8 000

g) 7 000

h) 9 000

5 Schreibe die Nachbarzahlen auf.

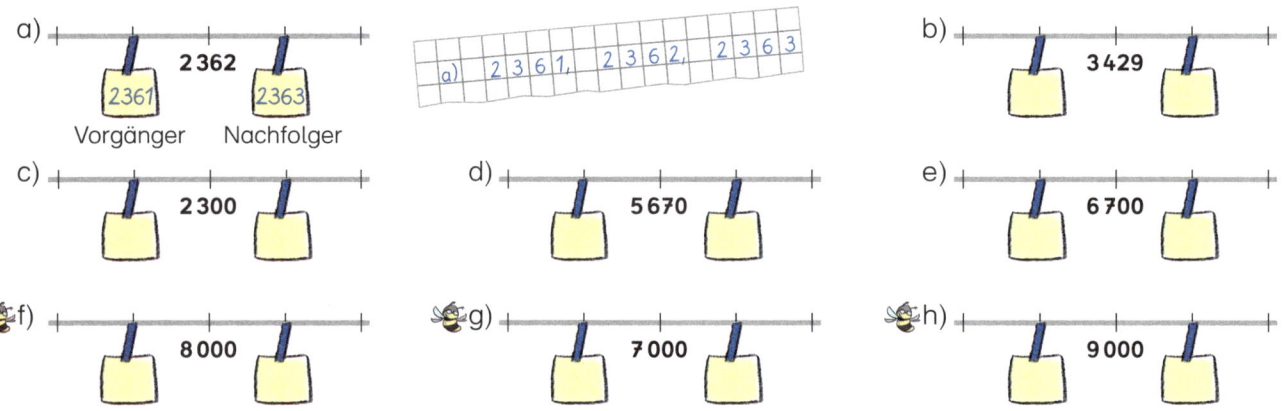

a)	1 394	1 395	
		3 495	
		5 893	
		7 673	

b)		3 999	
		4 999	
		6 888	
		7 888	

c)		7 513	
		4 896	
		6 999	
		5 000	

d)		9 765	
		8 003	
		9 999	

3 und 4 Zahlenstrahlausschnitte.
5 d) Letzte Aufgabe offen.

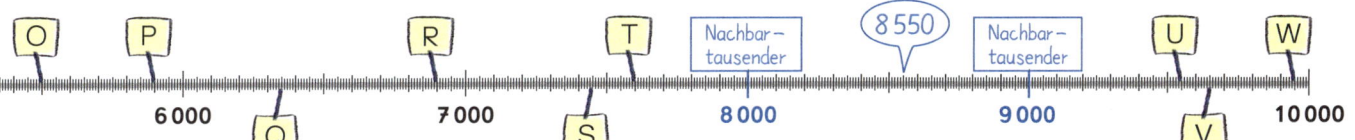

O P R T Nachbar-tausender 8 550 Nachbar-tausender U W
6 000 Q 7 000 S 8 000 9 000 V 10 000

6 Welche Zahl steht in der Mitte?

a) 0 — — 10 000

b) 0 — — 4 000

c) 0 — — 5 000

d) 0 — — 3 000

e) 0 — — 9 000

f) 2 000 — — 6 000

7 Schreibe die **Nachbartausender** auf.

a)
1 000	1 500	2 000
	1 760	
	2 300	
	3 450	
	4 260	

b)
	2 450	
	3 560	
	380	
	4 945	
	1 627	

c)
	8 888	
	6 753	
	9 999	

8 Schreibe die **Nachbarhunderter** auf.

a)
1 400	1 435	1 500
	2 498	
	3 540	
	999	
	4 329	

b)
	1 988	
	4 222	
	6 355	
	6 950	
	3 578	

c)
	2 999	
	6 999	
	4 444	

9 Schreibe die **Nachbarzehner** auf.

a)
8 320	8 325	8 330
	790	
	1 007	
	9 993	
	6 294	

b)
	2 184	
	6 899	
	936	
	4	
	17	

c)
	4 319	
	5 001	
	9 388	
	273	
	438	

10 Setze die Zahlenfolgen fort.

a) In Tausenderschritten 1 000, 2 000, 3 000, ...
b) In Hunderterschritten 8 100, 8 200, 8 300, ...
c) In Zehnerschritten 9 900, 9 910, 9 920, ...
d) In Einerschritten 9 989, 9 990, 9 991, ...
e) In Zehnerschritten 1 970, 1 980, 1 990, ...
f) In Hunderterschritten 4 600, 4 700, 4 800, ...

11 Setze die Zahlenfolgen fort. Wie heißt die Regel?

a) 6 000, 5 500, 5 000, ...
b) 10 000, 8 500, 7 000, ...
c) 9 200, 8 800, 8 400, ...
d) 9 900, 8 700, 7 500, ...
e) 8 500, 7 600, 6 700, ...

a) 6 0 0 0, 5 5 0 0, 5 0 0 0
Regel: Immer 500 weniger.

f) 4 900, 4 200, 3 500, ...
g) 6 400, 6 150, 5 900, ...
h) 5 250, 4 500, 3 750, ...
i) 12 000, 6 000, 3 000, ...
j) 7 200, 6 600, 5 800, ...

6 Zahlenstrahlausschnitte.
7 c) und **8** c) Die letzten beiden Aufgaben offen.

1 Das Zehntausenderspiel

Würfelt abwechselnd, jeder achtmal.
Bildet zwei vierstellige Zahlen.
Gewonnen hat, wer eine Summe
möglichst nahe bei 10000 hat.

ZT	T	H	Z	E
	4	6	1	3
+	5	1	5	2

Lara

ZT	T	H	Z	E
	6	4	5	3
+	3	5	1	2

Mehmet

2 Wer hat gewonnen?

a)

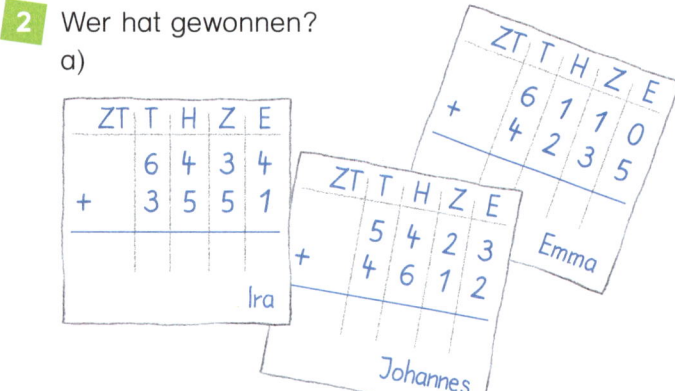

ZT	T	H	Z	E
	6	4	3	4
+	3	5	5	1

Ira

ZT	T	H	Z	E
	6	1	1	0
+	4	2	3	5

Emma

ZT	T	H	Z	E
	5	4	2	3
+	4	6	1	2

Johannes

b)

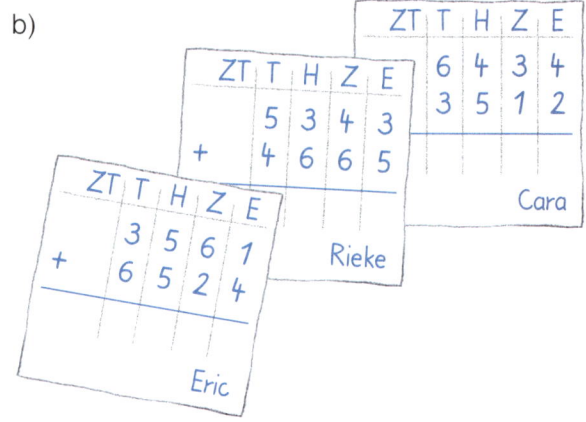

ZT	T	H	Z	E
	5	3	4	3
+	4	6	6	5

Rieke

ZT	T	H	Z	E
	6	4	3	4
	3	5	1	2

Cara

ZT	T	H	Z	E
	3	5	6	1
+	6	5	2	4

Eric

3

4530	3469	5346	4085	3497

Wähle immer zwei Zahlen aus. Addiere.

a) Ziel: die größte Summe.
b) Ziel: die kleinste Summe.
c) Summe kleiner als 7000.
d) Summe kleiner als 6000.

e) Summe zwischen 7000 und 8000.
f) Summe zwischen 8000 und 9000.
g) Summe zwischen 9000 und 10000.
h) Summe zwischen 7990 und 8000.

Eine Aufgabe ist nicht lösbar.

4

6000	3518	4970	2173	5408

Wähle immer zwei Zahlen aus. Subtrahiere.

a) Ziel: die größte Differenz.
b) Ziel: die kleinste Differenz.
c) Differenz kleiner als 3000.

a)
ZT	T	H	Z	E
	6	0	0	0
–				

d) Differenz zwischen 0 und 1000.
e) Differenz zwischen 1000 und 2000.
f) Differenz zwischen 2000 und 3000.

5 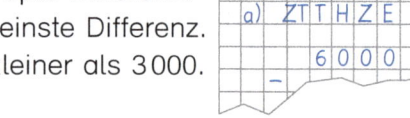 Kann das stimmen?

a)
„Es gibt sechs Zahlen,
die einstellig und gerade sind."
Marie

b)
„Es gibt tausend
dreistellige Zahlen."
Enim

c)
„Die größte vierstellige Zahl
besteht aus vier gleichen Ziffern."
Kevin

d)
„Die kleinste vierstellige
Zahl hat an der
Einerstelle eine 3."
Jakob

e)
„Die größte zweistellige Zahl
ist um 1 kleiner als die
kleinste dreistellige Zahl."
Oleg

f)
„Wenn man zwei dreistellige
Zahlen addiert, erhält man
immer eine vierstellige Zahl."
Tanja

Kopiervorlagen.
1 Nach jedem Wurf sofort die Ziffer eintragen. Zufall thematisieren.
5 Zwei Aussagen sind richtig.

1 Lukas vermutet:
„Das könnten 100 000
kleine Würfel sein."
Überprüfe.

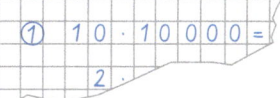

① 10 · 10 000 =
   2 ·

Die Hunderttausenderplatte

2 a) Lukas baut die Hunderttausenderplatte
mit Tausenderwürfeln. Wie viele nimmt er?
b) Wie viele Hunderterplatten würde er brauchen?
c) Wie viele Zehnerstangen wären das?
🐬 d) Wie viele Würfel würde Lukas jeweils benötigen,
wenn er die eine Hälfte mit Tausenderwürfeln
und die andere Hälfte mit Einerwürfeln bauen würde?

3 Welche Zahlenkarten wurden zusammengesetzt? Schreibe die Additionsaufgabe.

a) 8 5 3 0 0

a) 80 000 + 5 000 + 300 = 85 300

b) 6 2 9 4 0

c) 5 4 2 5 3

d) 9 1 7 8 5

e) 9 9 9 9 9

f) 5 9 0 0 0

g) 7 0 4 0 0

h) 4 0 0 2 5

i) 2 0 2 0 2

j) 3 0 0 0 1

k) 1 0 0 3 5

l) 7 4 2 0 5

m) 8 9 0 0 8

n) 1 7 5 0 0

4 Welche **fünfstelligen** Zahlen kannst du mit diesen Zahlenkarten legen?

32 Möglichkeiten.

④ 7 0 0 0 0
7 5 0 0 0
7 5 2 0 0

5 Zerlegt 100 000.
a) Sucht möglichst viele Additionsaufgaben.
b) Sucht möglichst viele Multiplikationsaufgaben.

a) 100 000 = 50 000 +

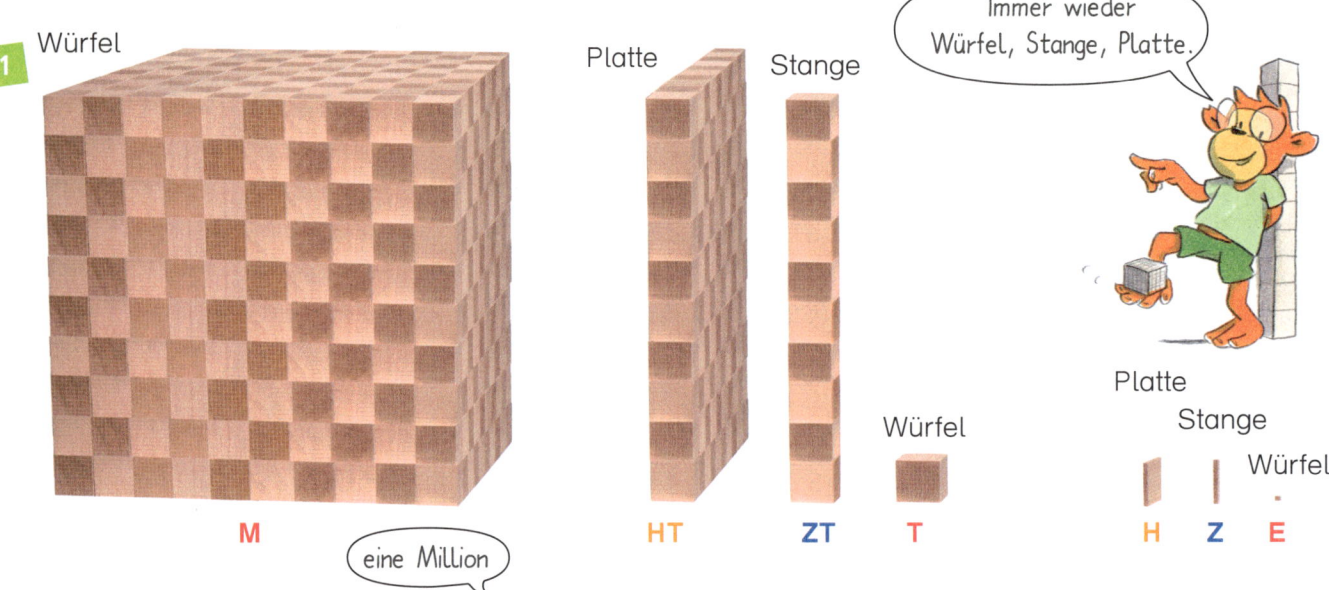

1 Würfel · Platte · Stange · Würfel

M — HT — ZT — T — H — Z — E

eine Million

Immer wieder Würfel, Stange, Platte.

Dieser große Würfel könnte aus 1 000 000 kleiner Würfel gebaut werden.
Erkläre.
Kannst du dir vorstellen, wie es weitergeht?

2 Setze fort so weit du kannst.

starke Päckchen 2

a) 1 000 000 = ___ · 100 000
1 000 000 = ___ · 10 000
1 000 000 = ___ · 1 000

b) 1 000 000 = ___ · 50 000
1 000 000 = ___ · 5 000
1 000 000 = ___ · 500

c) 1 000 000 = ___ · 200 000
1 000 000 = ___ · 20 000
1 000 000 = ___ · 2 000

3

starke Päckchen 2

a) 1 000 000 : 2
1 000 000 : 4
1 000 000 : 8

b) 1 000 000 : 10
1 000 000 : 100
1 000 000 : 1 000

c) 1 000 000 : 5
1 000 000 : 10
1 000 000 : 50

d) 1 000 000 : 20
1 000 000 : 200
1 000 000 : 2 000

4 Setzt mit Zahlenkarten große Zahlen zusammen. Lest laut.

a) 4 0 0 0 0 0 / 6 0 0 0

b) 1 0 0 0 0 0 / 5 0 0 0

c) 2 0 0 0 0 0 / 5 0 0 0 0

d) 7 0 0 0 0 0 / 1 0 0 0

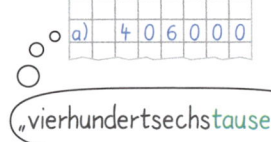
a) 4 0 6 0 0 0
„vierhundertsechstausend"

e) 3 0 0 0 0 0 / 2 0 0 0 0 / 1 0 0 0

f) 5 0 0 0 0 0 / 1 0 0 0 0 / 3 0 0 0

g) 9 0 0 0 0 0 / 9 0 0 0 0 / 9 0 0 0

5 Welche Zahlenkarten wurden zusammengesetzt? Schreibe die Additionsaufgabe.

a) 8 5 0 0 0 0
a) 8 0 0 0 0 0 + 5 0 0 0 0 = 8 5 0 0 0 0

b) 6 4 0 0 0 0

c) 7 2 5 0 0 0

d) 5 0 9 0 0 0

e) 4 7 5 5 0 0

f) 2 0 0 5 0 0

g) 9 2 8 4 5 0

h) 3 5 7 2 2 5

i) 1 0 0 0 3 5

j) 4 0 0 9 0 1

1 Entdecken: Wiederkehrende Formen (Würfel, Stange, Platte); immer das Zehnfache.
4 und 5 Kopiervorlagen. Zahlen laut lesen.

1

M HT ZT T H Z E

Wie heißt meine Zahl?

Und wenn ich die 8 an eine andere Stelle lege?

2 5 8 1 Legt mit diesen drei Ziffernkarten in der Stellentafel

a) die kleinstmögliche Zahl.

b) eine Zahl, die größer ist als 10 000.

c) eine Zahl, die zwischen 50 000 und 52 000 liegt.

d) die Zahl, die genau in der Mitte zwischen 108 000 und 109 000 liegt.

e) eine gerade Zahl, die kleiner als 1000 und größer als 500 ist.

3 Tragt in eine Stellentafel ein. Lest laut.

a) 1 HT 5 ZT 3 T
   1 HT 5 ZT 3 H
   1 T 5 H 3 E

   1 ZT 5 T 3 Z
   1 ZT 5 Z 3 E
   1 H 5 Z 3 E

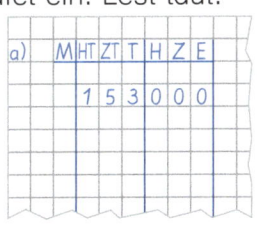

a) M HT ZT T H Z E
   1 5 3 0 0 0

b) 2 HT 3 T
   5 HT 1 T 1 H
   1 M 4 HT 1 ZT

   4 HT 1 ZT 2 T
   6 ZT 7 T 8 E
   9 HT 6 ZT 3 Z

c) 3 HT
   9 ZT 4 T 5 H
   8 HT 5 E

   8 ZT 5 Z
   9 HT 6 ZT 7 T
   2 T 7 H 3 E

4

M	HT	ZT	T	H	Z	E
•	•	•• ••	•	••	•••

a) Wie heißt die Zahl?

b) Legt ein Plättchen dazu.
   Welche Zahlen können entstehen?

5

M	HT	ZT	T	H	Z	E
•	•			•	•	

a) Wie heißt die Zahl?

b) Wie viele Plättchen müsst ihr dazulegen,
   um 121 511 zu erreichen?

6

M	HT	ZT	T	H	Z	E
••	••	•••		••	•	

a) Wie heißt die Zahl?

b) Nehmt ein Plättchen weg.
   Welche Zahlen können entstehen?

7

M	HT	ZT	T	H	Z	E
••	•	•	•• ••	••		•••

a) Wie heißt die Zahl?

b) Nehmt ein Plättchen weg.
   Welche Zahlen können entstehen?

Zwei Millionen

8 Rechne schrittweise.

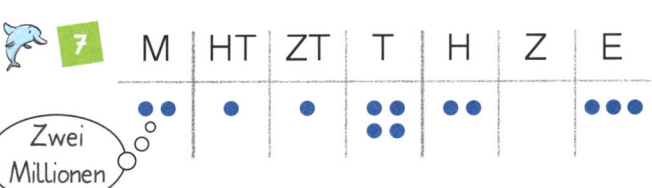 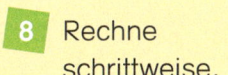 

21	27	36	42
48	51	54	56
72	84	96	102
108	128	136	192
204			

W

1 bis 3 Evtl. leere Stellen mit Nullen füllen.

4 bis 7 Mehrere Möglichkeiten.

1 Vom Quadrat zum Stern.

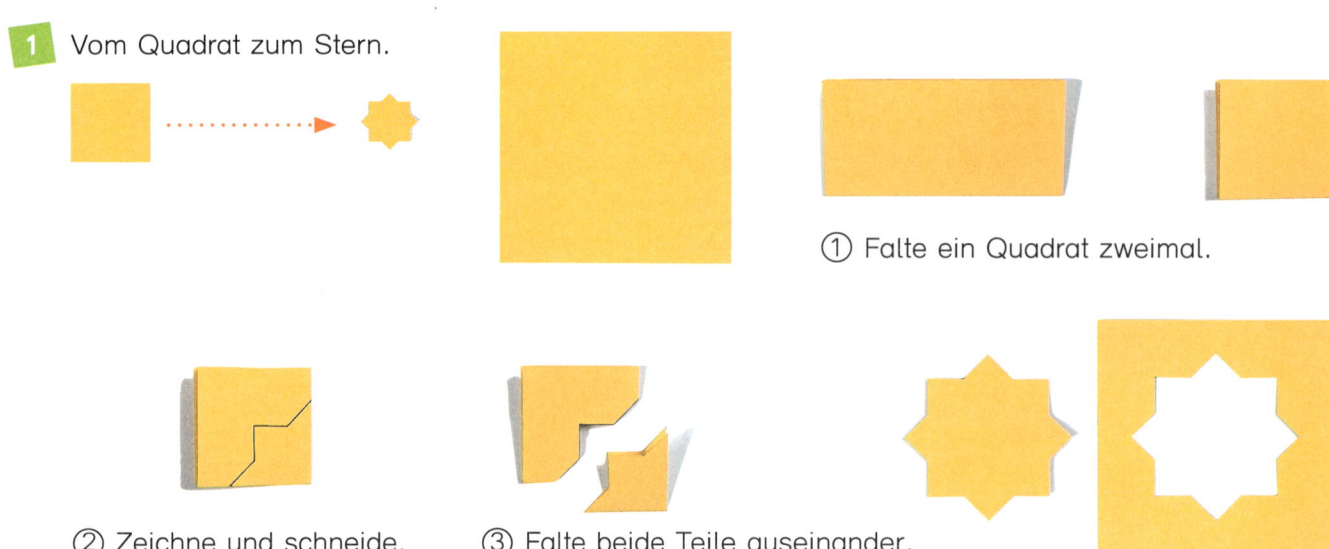

① Falte ein Quadrat zweimal.

② Zeichne und schneide.   ③ Falte beide Teile auseinander.

2 Welche Teile gehören zusammen? Versuche, diese Faltschnitte selbst herzustellen. Erfinde eigene.

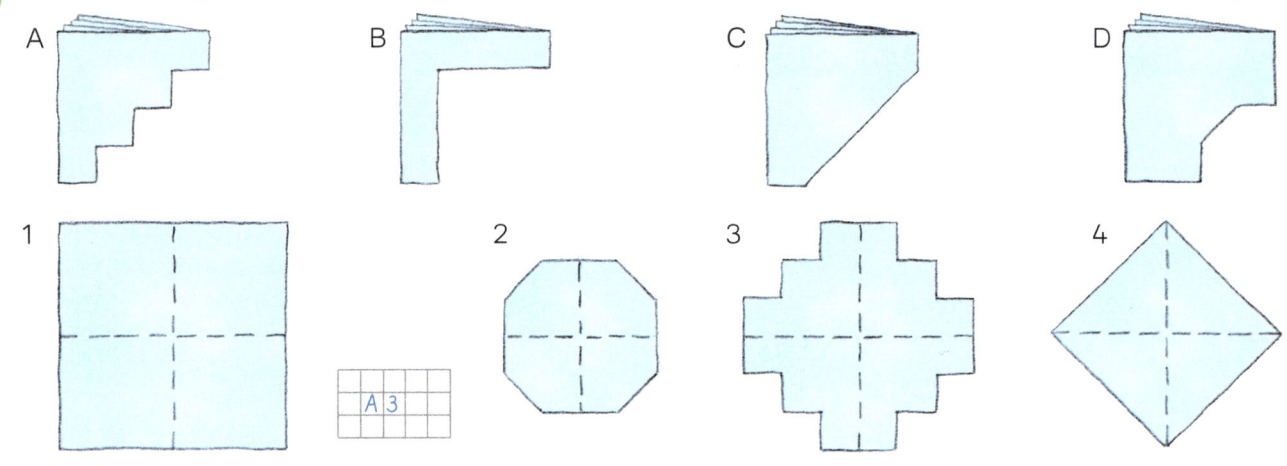

3 Auch hier wurde ein Quadrat zweimal gefaltet und in der Mitte wurde ein Stück herausgeschnitten. Wie sieht das herausgeschnittene Stück aus, wenn es aufgefaltet ist? Probiere und zeichne.

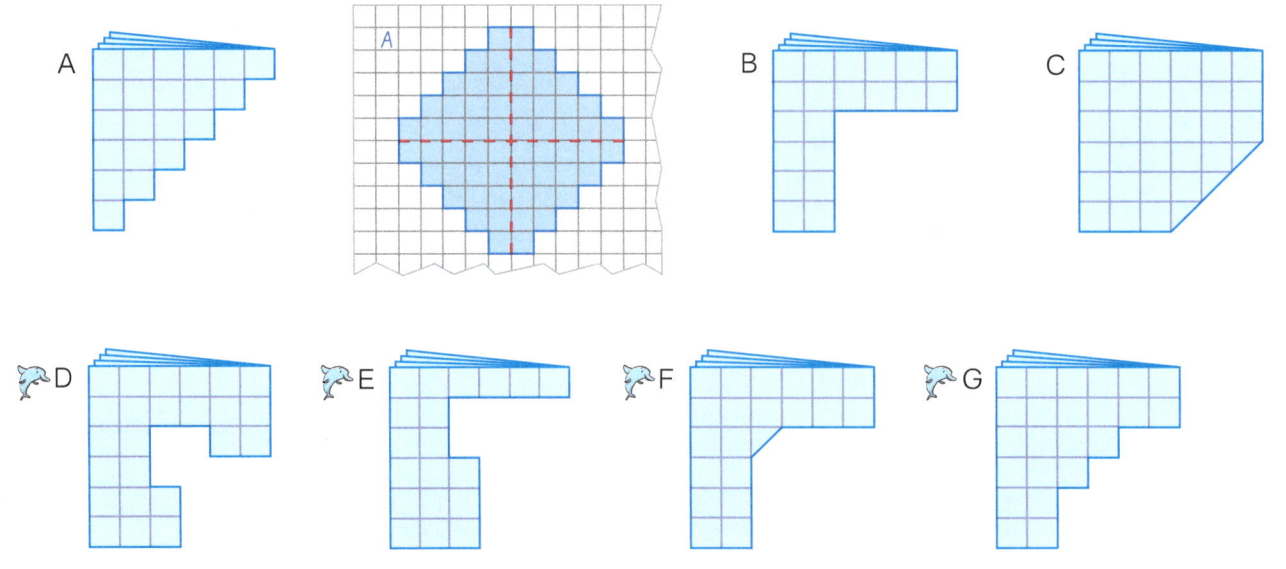

3 Diff.: Jeweils alle Symmetrieachsen eintragen. Mit dem Spiegel prüfen.

1 Welche zwei Teile kannst du jeweils zu diesem Quadrat zusammensetzen?

A   B   C   D

E   F   G   H

① A und

2 Welche zwei Teile ergeben jeweils dieses Rechteck?

A   B   C   D

E   F   G   H   I

3 Welche zwei Teile ergeben jeweils dieses Dreieck?

A   B   C

H

D   E   F   G

4 Welche drei Teile lassen sich zu diesem Rechteck zusammensetzen?

A   B   C   D   E

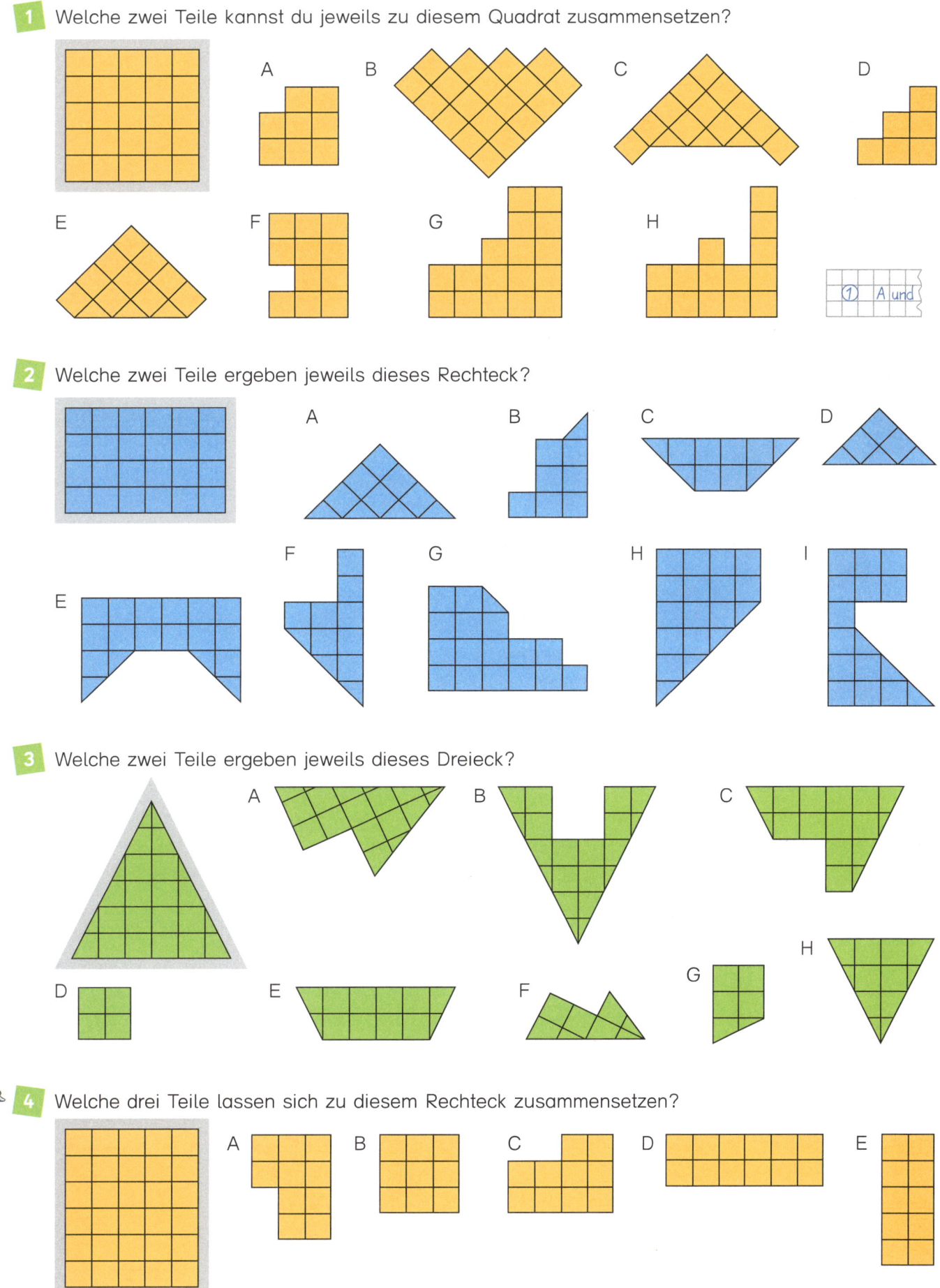

2 Ein Teil bleibt übrig.
Diff.: Jeweils die Teile zeichnen, ausschneiden und zusammensetzen.

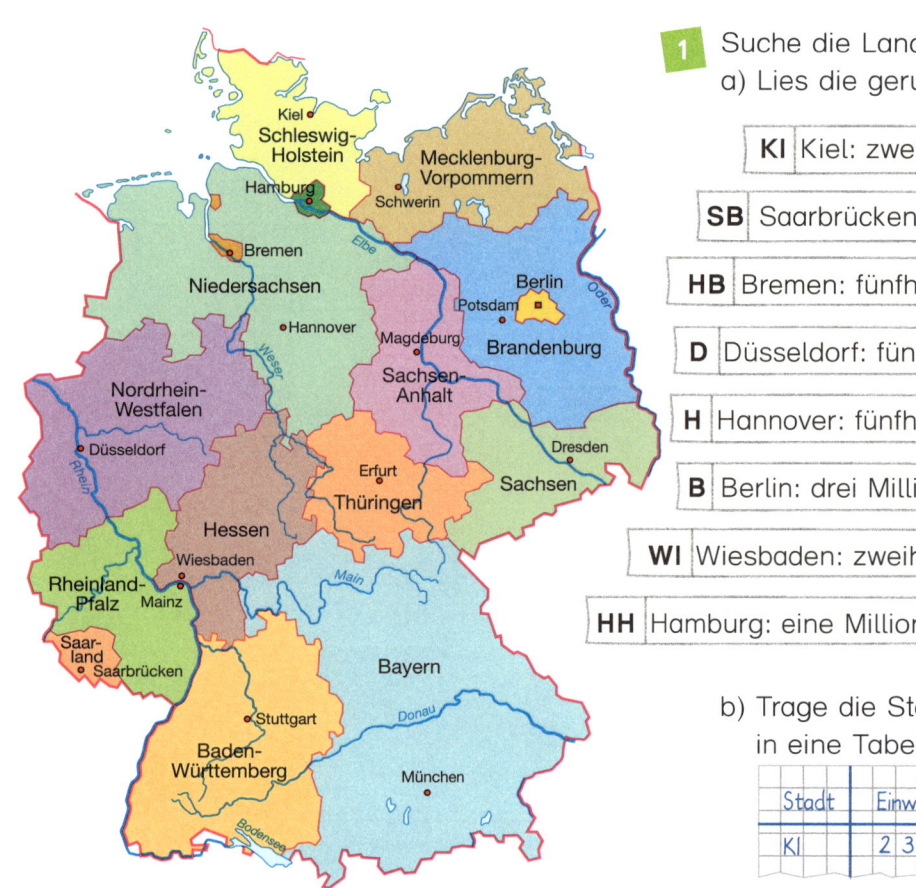

1 Suche die Landeshauptstädte auf der Karte.
a) Lies die gerundeten Einwohnerzahlen laut vor:

KI	Kiel: zweihundertsechsunddreißigtausend
SB	Saarbrücken: hundertfünfundsiebzigtausend
HB	Bremen: fünfhundertsiebenundvierzigtausend
D	Düsseldorf: fünfhundertachtundachtzigtausend
H	Hannover: fünfhundertzweiundzwanzigtausend
B	Berlin: drei Millionen vierhundertsiebzigtausend
WI	Wiesbaden: zweihundertfünfundsiebzigtausend
HH	Hamburg: eine Million siebenhundertachtzigtausend

b) Trage die Städte und ihre Einwohnerzahlen in eine Tabelle ein.

Stadt	Einwohnerzahl
KI	2 3 6 0 0 0

2 Auch diese Städte sind Landeshauptstädte:

| **SN** Schwerin: 95 220 | **MD** Magdeburg: 231 525 | **EF** Erfurt: 204 994 | **S** Stuttgart: 606 588 |
| **P** Potsdam: 156 906 | **DD** Dresden: 523 058 | **MZ** Mainz: 199 237 | **M** München: 1 353 186 |

a) Zeige die Städte auf der Karte.   b) Lies die genauen Einwohnerzahlen laut.

3 Welche Landeshauptstädte sind gemeint? Schreibe sie mit ihren Einwohnerzahlen auf.
a) Es gibt eine Stadt, die mehr als 600 000 Einwohner und weniger als 700 000 Einwohner hat.
b) Wie heißen die drei größten Landeshauptstädte in Deutschland?
c) Diese vier Landeshauptstädte haben weniger als 200 000 Einwohner.
d) In vier Landeshauptstädten leben zwischen 500 000 und 600 000 Menschen.

4
a) „In Düsseldorf leben 500 000 Lehrerinnen."
b) „Berlin hat so viele Einwohner wie alle anderen Landeshauptstädte zusammen."
c) „In Berlin leben ungefähr 3 Millionen Kinder."

5 Rechne nur die lösbaren Aufgaben.

a)
```
  845
− 543
```
b)
```
  756
− 755
```
c)
```
  607
− 184
```
d)
```
  965
− 982
```
e)
```
  627
− 558
```
f)
```
  437
− 474
```

| 0 | 1 | 69 | 302 | 423 |

1 und **2** Autokennzeichen als Abkürzungen verwenden.
2 Diff.: Tabelle von Aufgabe 1 b) ergänzen.

Runden auf Hunderttausender – Suche immer die näher gelegene Hunderttausenderzahl.

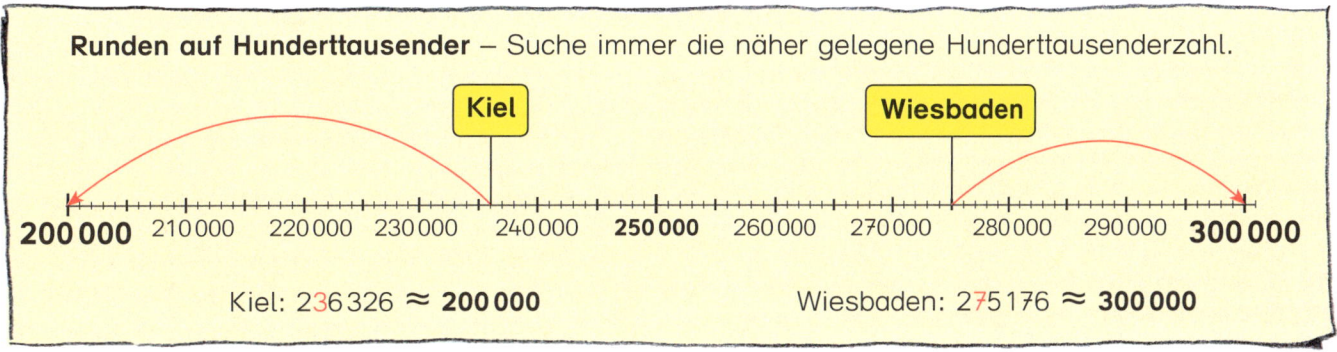

Kiel: 2**3**6 326 ≈ **200 000**   Wiesbaden: 2**7**5 176 ≈ **300 000**

6 Runde auf Hunderttausender.

a) 541 780	b) 938 400	c) 263 000	d) 123 400	e) 593 820	f) 86 345
549 780	958 400	583 000	437 500	483 390	96 293
550 780	58 400	492 000	382 700	329 280	99 342
559 780	148 700	449 536	452 309	392 980	34 892

7 a) Rundet die Einwohnerzahlen der Landeshauptstädte auf Hunderttausender.

> a) Kiel: 2 3 6 3 2 6 ≈ 2 0 0 0 0 0

b) Zeichnet ein Schaubild:

1 Kästchen bedeutet 100 000 Einwohner.
Überlegt zuerst: Wie hoch wird die höchste Säule sein?
Wie breit wird das Diagramm?

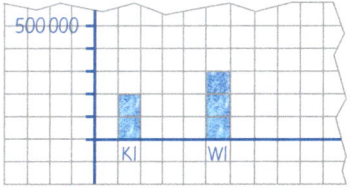

Runden auf Zehntausender – Suche immer die näher gelegene Zehntausenderzahl.

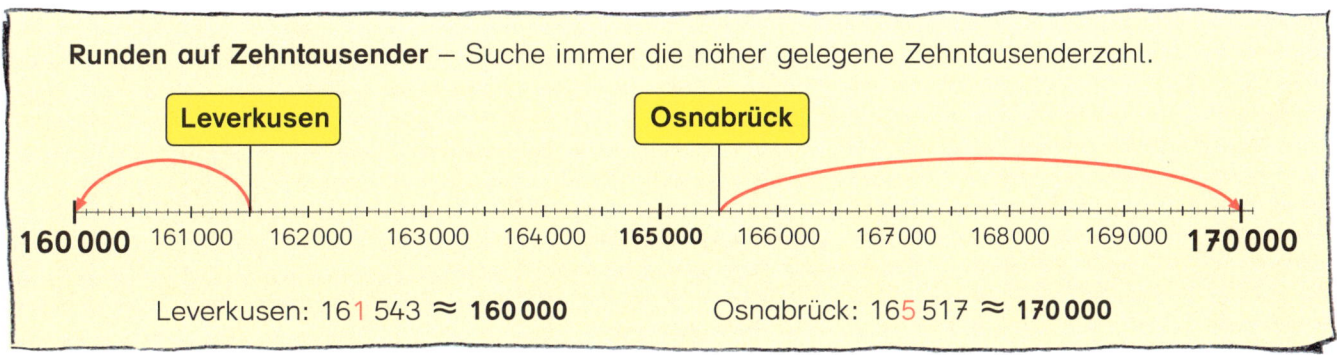

Leverkusen: 16**1** 543 ≈ **160 000**   Osnabrück: 16**5** 517 ≈ **170 000**

8 Runde auf Zehntausender.

a) 137 000	b) 248 300	c) 166 510	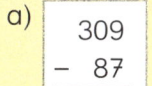d) 142 463	e) 148 384	f) 184 923
136 000	48 300	560 510	32 349	324 342	32 342
135 400	303 400	34 320	344 981	234 923	248 349
134 400	923 400	182 340	329 324	934 348	74 834
133 000	743 200	317 235	412 795	743 486	56 799

W

9 Rechne nur die lösbaren Aufgaben.

a)	b)	c)	d)	e)	f)	
309 – 87	127 – 98	453 – 478	502 – 514	718 – 619	235 – 137	29 75 98 99 222

6 Rundungsregeln besprechen.
7 A4 im Querformat oder Plakate verwenden.

1 Leon hat die Einwohnerzahlen einiger Städte gerundet und in einem Schaubild dargestellt.

⚥ 10 000 Einwohner

Salzgitter	⚥⚥⚥⚥⚥ ⚥⚥⚥⚥⚥
Itzehoe	⚥⚥⚥
Fulda	⚥⚥⚥⚥⚥ ⚥
Völklingen	⚥⚥⚥⚥
Diepholz	⚥⚥
Cuxhaven	⚥⚥⚥⚥⚥

a) Lest die gerundeten Zahlen ab und notiert sie.
b) Welche Stadt hat etwa doppelt so viele Einwohner wie Diepholz?
c) Stellt euch gegenseitig Fragen.

d) Wie viele Einwohner hat eure Stadt? Rundet die Anzahl und zeichnet ein Schaubild.

2

Bad Honnef	25 085
Flensburg	88 502
Offenbach	118 770

Bad Kreuznach	43 485
Beverungen	14 279
Neunkirchen	47 896

a) Rundet die Einwohnerzahl jeder Stadt auf Zehntausender. Zeichnet für je 10 000 Einwohner ein ⚥.
b) Vergleicht die Darstellungen in Zahlen und ⚥ miteinander. Beschreibt die Vor- und Nachteile.

3

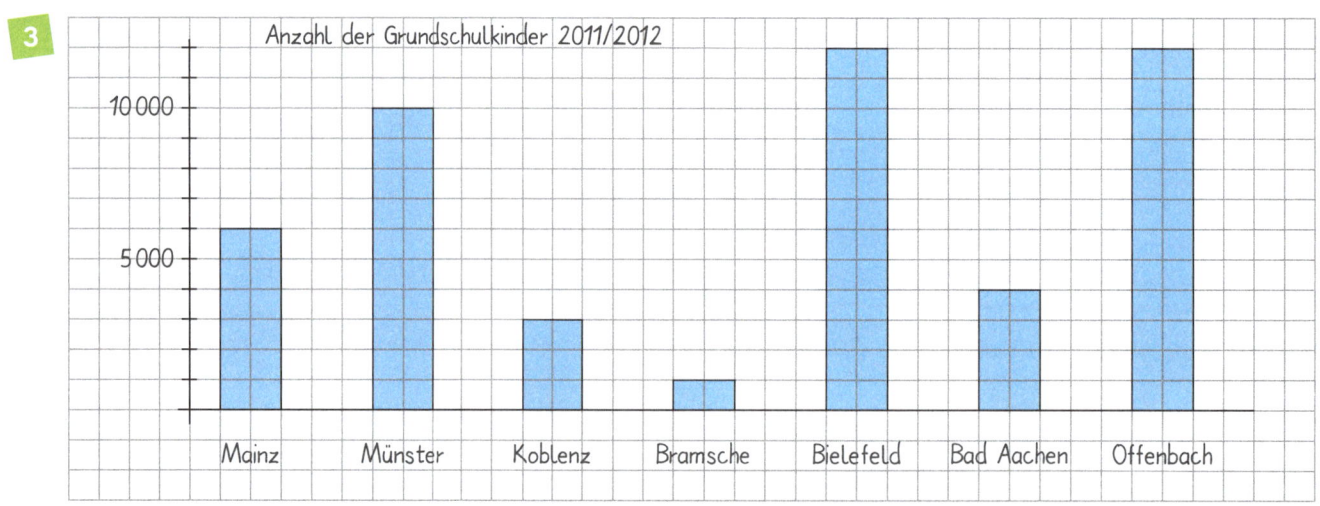

a) Beschreibt das Säulendiagramm. Was fällt euch auf?
b) Lest ab, wie viele Grundschulkinder es in den einzelnen Städten gibt.
c) Wie viele Grundschulkinder sind es etwa insgesamt?
d) Stellt euch gegenseitig Fragen.

4 Im Schuljahr 2010/2011 gab es folgende Schülerzahlen für die Grundschule in den Bundesländern.

Nordrhein-Westfalen	662 508	Schleswig-Holstein	106 258
Niedersachsen	296 430	Rheinland-Pfalz	145 693
Hessen	209 767	Saarland	31 094
Hamburg	51 249	Bremen	20 674

Rundet die Zahlen und stellt sie in einem Schaubild dar.
Überlegt zuerst, auf welche Stelle ihr rundet. Begründet.

Daten einem Schaubild entnehmen und in einem Schaubild darstellen.
4 Verschiedene Schaubilder zulassen.

1 Der Zirkus Paletti ist in der Stadt.
In der Nachmittagsvorstellung wurden 2423 Karten
verkauft, in der Abendvorstellung 2618 Karten.
Der Reporter überschlägt, wie viele Besucher
es an diesem Tag waren.

2 Überschlage nur.
a) Unter den 2423 Zuschauern waren
744 Erwachsene. Wie viele Kinder
besuchten ungefähr die Vorstellung?
b) Die 744 Erwachsenen bezahlten je 8 €.
Wie hoch waren die Einnahmen?
c) Die Kinder mussten je 5 € bezahlen.

3 Das Zirkusunternehmen möchte sich einen Überblick über die Besucherzahlen verschaffen.

	Hamburg	Frankfurt	Osnabrück	Münster	Bremen	Mainz	Kiel
Besucher	4398	9643	5459	7576	5768	4455	3281

a) Rundet auf Tausender. Wie viele Besucher sahen in jeder Stadt die Vorstellungen?
b) Zeichnet ein Balkendiagramm.
c) Wo waren die meisten Besucher?
d) Wo waren die wenigsten Besucher?
e) Vergleicht die Tabelle und das Balkendiagramm.
Beschreibt die Vor- und Nachteile.
f) Wie viele Zuschauer hatte der Zirkus in allen sieben Städten zusammen? Überschlagt.

4 Besucherzahlen im Zirkus Mircalli

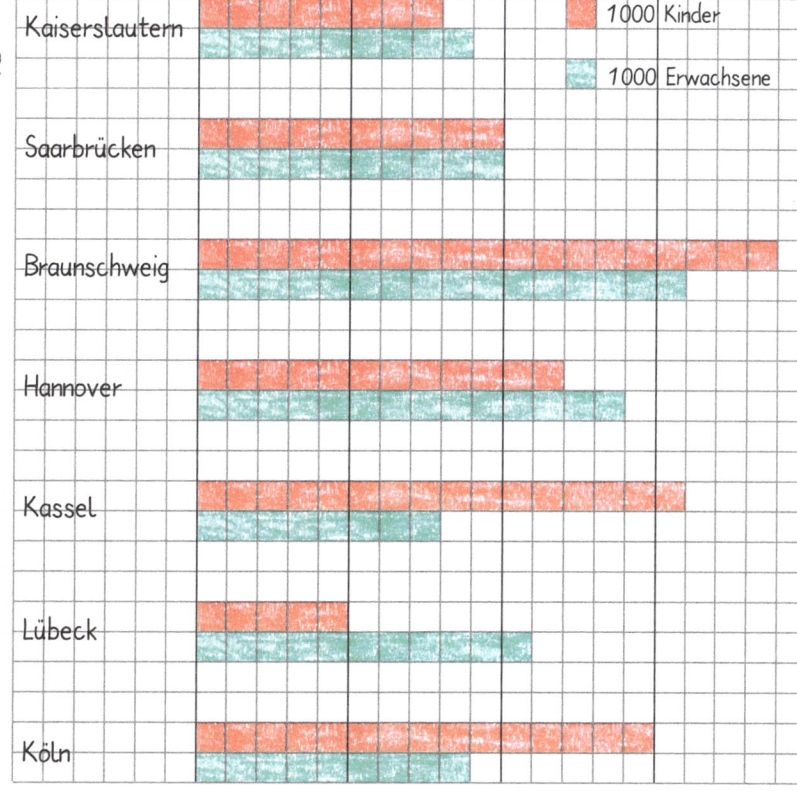

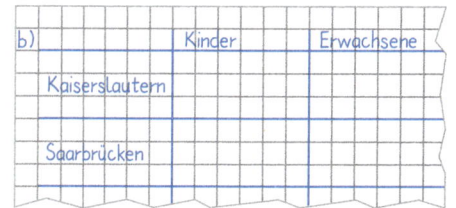

a) Erklärt das Schaubild.
b) Wie viele Erwachsene und
Kinder sind es jeweils?
Legt eine Tabelle an.

c) Wie viele Kinder sind
es insgesamt?
d) Wie viele Erwachsene
sind es insgesamt?

4 Daten einem Balkendiagramm entnehmen und in eine Tabelle übertragen.

1

Frau Meier möchte ihr Auto verkaufen, sobald es 100 000 km gefahren ist. Wie viel km kann sie noch fahren?

85 300 + 700 = 86 000
86 000 +
Rosa

100 000 − 80 000 = 20 000
20 000 −
Max

100 000
− 85 300
Tommy

Mein Weg:

2 Nach wie vielen Kilometern zeigt der Tacho jeweils 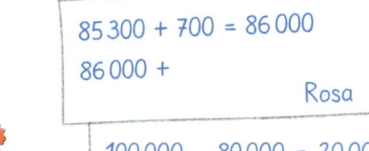 ? Rechne auf deinem Weg.

a) `0 7 2 0 0 0`   b) `0 4 9 9 0 0`   c) `0 9 1 8 0 0`   d) `0 9 3 5 0 0`

e) `0 6 5 5 0 0`   f) `0 7 8 4 0 0`   g) `0 5 6 7 0 0`   h) `0 6 6 6 0 0`

3 Die Firma Zanolla hat mehrere Lieferfahrzeuge. Diese sollen jeweils bei 30 000 km, bei 60 000 km und bei 90 000 km in die Werkstatt. Wie viel Kilometer dürfen sie noch fahren?

a)  28 990 km

b)  54 075 km

c)  83 820 km

d)  78 940 km

e)  21 999 km

f)  58 010 km

g)  85 266 km

h)  26 614 km

4

a)		b)		c)		d)	
323 000 +	6	615 000 +	3	135 000 +	5	277 000 +	4
323 000 +	60	615 000 +	30	135 000 +	50	277 000 +	40
323 000 +	600	615 000 +	300	135 000 +	500	277 000 +	400
323 000 +	6 000	615 000 +	3 000	135 000 +	5 000	277 000 +	4 000
323 000 +	60 000	615 000 +	30 000	135 000 +	50 000	277 000 +	40 000
323 000 +	600 000	615 000 +	300 000	135 000 +	500 000	277 000 +	400 000

5

a)		b)		c)		d)	
876 541 −	100 000	388 888 −	300 000	977 766 −	600 000	532 000 −	200 000
876 541 −	10 000	388 888 −	30 000	977 766 −	60 000	532 000 −	20 000
876 541 −	1 000	388 888 −	3 000	977 766 −	6 000	532 000 −	2 000
876 541 −	100	388 888 −	300	977 766 −	600	532 000 −	200
876 541 −	10	388 888 −	30	977 766 −	60	532 000 −	20
876 541 −	1	388 888 −	3	977 766 −	6	532 000 −	2

6 Subtrahiere jeweils von einer Million. Rechne im Kopf oder schriftlich.

a) 222 223   b) 300 000   c) 350 000   d) 888 889   e) 890 000   f) 895 000

g) 899 000   h) 899 500   i) 777 778   j) 875 579   k) 999 999   l) 999 990

4 und **5** Kopfrechnen.

1

a)

```
12 000 + 9 000
23 000 + 8 000
34 000 + 7 000
        +
        +
```

b)

```
10 200 − 9 003
10 200 − 9 004
10 200 − 9 005
        −
        −
```

c)

```
44 444 − 33 333
55 555 − 44 444
66 666 − 55 555
        −
        −
```

d)  Welches Päckchen beschreibt Sophie?

„Die erste und die zweite Zahl werden immer um 11 111 größer.
Die Differenz verändert sich nicht."

e)  Denke dir ein starkes Päckchen aus,
das zu Oles Beschreibung passt.

„Die Differenz bleibt jeweils gleich.
Die erste Zahl wird immer um 10 000 größer."

2 Setzt die Zahlenfolgen fort. Schreibe die Regel auf.

a) 0, 5 000, 10 000, …, 50 000
b) 241 000, 242 000, 243 000, …, 251 000
c) 307 000, 309 000, 311 000, …, 325 000
d) 567 317, 567 367, 567 417, …, 567 917
e) 23 100, 23 150, 23 200, …, 23 800
f) 453 780, 453 778, 453 776, …, 453 760

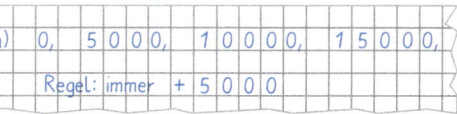

g) 918 900, 913 900, 908 900, …, 883 900
h) 1 000 000, 950 000, 900 000, …, 650 000
i) 26 500, 53 000, 106 000, …, 848 000
j) 3 000 000, 300 000, 30 000, …, 3

3 Welche Aufgabenmuster führen genau zur Million? Vermute und überprüfe.

a)
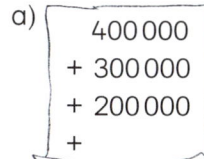
```
  400 000
+ 300 000
+ 200 000
+
```

b)
```
  300 000
+ 300 000
+ 300 000
+
```

c)
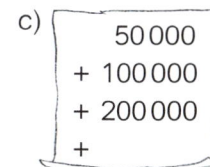
```
   50 000
+ 100 000
+ 200 000
+
```

d)
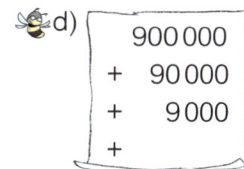
```
  900 000
+  90 000
+   9 000
+
```

e)
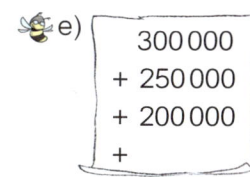
```
  300 000
+ 250 000
+ 200 000
+
```

4 Welche Aufgabenmuster führen genau zur Null? Vermute und überprüfe.

a)
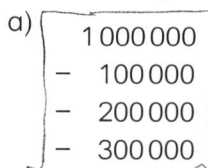
```
1 000 000
− 100 000
− 200 000
− 300 000
```

b)
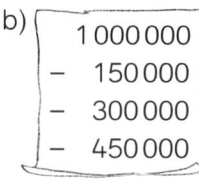
```
1 000 000
− 150 000
− 300 000
− 450 000
```

c)
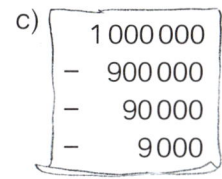
```
1 000 000
− 900 000
−  90 000
−   9 000
```

d)
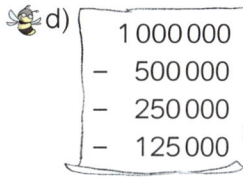
```
1 000 000
− 500 000
− 250 000
− 125 000
```

e)
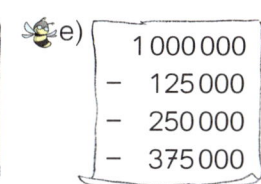
```
1 000 000
− 125 000
− 250 000
− 375 000
```

W

5 Welche Zahlen könnten es sein?

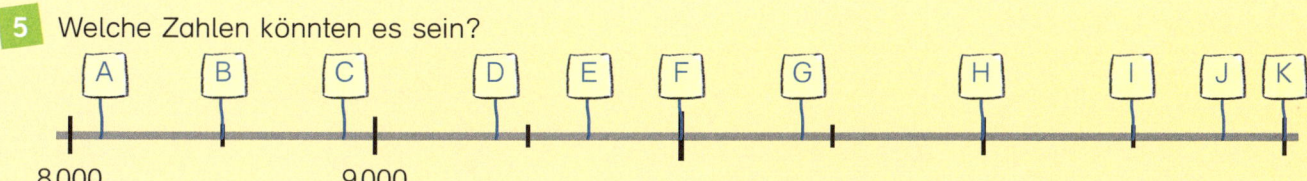

1 | 10 · 3200 | **Multipliziere mit 10.**

Ben hat 3 Tausender und 2 Hunderter gelegt.
Jetzt multipliziert er mit 10.
Was verändert sich in der Stellentafel?

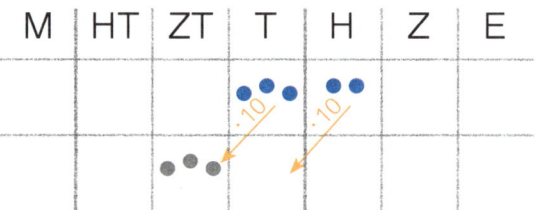

2 | 100 · 2040 | **Multipliziere mit 100.**

Aus Zehnern werden _____ .

Aus Tausendern werden _____ .

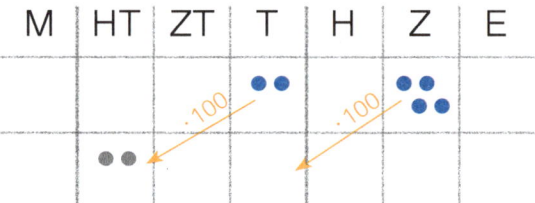

3
a) 10 · 3	b) 10 · 14	c) 100 · 3	d) 1000 · 5	e) 2000 · 10
10 · 30	10 · 214	100 · 23	1000 · 50	2135 · 10
10 · 300	10 · 204	100 · 123	1000 · 51	213 · 100
10 · 430	10 · 1400	100 · 1300	1000 · 520	21 · 1000

4 Das Zehnfache? Das Hundertfache? Das Tausendfache?

a) ___ · 27 = 270	b) ___ · 53 = 5300	c) ___ · 104 = 10400	d) ___ · ___ = 1900
___ · 27 = 2700	___ · 53 = 530	___ · 104 = 104000	___ · ___ = 45000
___ · 27 = 27000	___ · 53 = 53000	___ · 104 = 1040	___ · ___ = 270

5 a) | 20100 : 10 | **Dividiere durch 10.**   b) | 103000 : 100 | **Dividiere durch 100.**

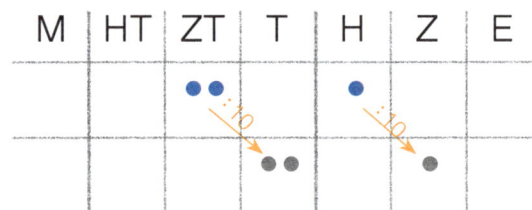 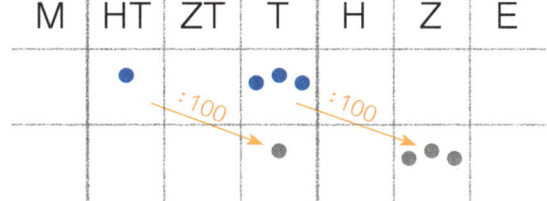

6
a) 70 : 10	b) 300 : 100	c) 4000 : 1000	d) 124000 : 1000
600 : 10	5000 : 100	30000 : 1000	253000 : 100
8000 : 10	15000 : 100	34000 : 1000	108000 : 10
8670 : 10	15700 : 100	9000 : 1000	407000 : 1

7
a) 430 : ___ = 43	b) 8200 : ___ = 82	c) 60300 : ___ = 603	d) ___ : ___ = 7
4300 : ___ = 43	820 : ___ = 82	603000 : ___ = 603	___ : ___ = 26
43000 : ___ = 43	82000 : ___ = 82	6030 : ___ = 603	___ : ___ = 415

W

8

106	118	192	212
265	334	384	424
478	480	668	768
835	956	1195	1336
1912			

Analogien entdecken. **1** bis **4** Alle Ziffern rücken eine (zwei, drei) Stellen nach links.
Die frei werdenden Stellen werden mit Nullen gefüllt. **4** d) und **7** d) Offene Aufgaben.
5 bis **7** Division als Umkehrung der Multiplikation.

1

a)		b)		c)		d)		e)	
100 : 10		10 : 5		56 : 8		24 000 : 6		5 600 : 40	
1 000 : 10		100 : 5		560 : 8		24 000 : 60		560 : 40	
10 000 : 10		1 000 : 5		5 600 : 8		24 000 : 600		32 000 : 8	
100 : 100		10 000 : 5		56 000 : 8		24 000 : 6 000		32 000 : 80	
1 000 : 100		100 000 : 5		560 000 : 8		240 000 : 60 000		720 : 90	
10 000 : 100		1 000 000 : 5		560 : 80		240 000 : 6 000		7 200 : 900	

2

a) 2 ·	b) 2 ·	c) 300 · 7	d) 4 · 9	e) 4 · 7
2 · 3	2 · 5	30 · 7	40 · 9	40 · 7
2 · 30	2 · 50	3 · 7	400 · 9	400 · 7
2 · 300	2 · 500			
2 · 3 000	2 · 5 000	3 · 70	4 · 90	4 000 · 7
2 · 30 000	2 · 50 000	30 · 70	40 · 900	40 000 · 7
2 · 300 000	2 · 500 000	300 · 70	400 · 9 000	400 000 · 7

f) Sucht euch jeweils ein Päckchen aus. Beschreibt es euch gegenseitig.

3 Rechne viele
verwandte
Aufgaben.

a)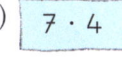

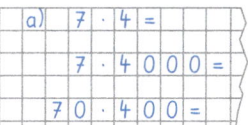

b)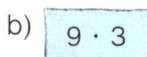

c) 8 · 7

d)

e) 72 : 9

f)

g) 42 : 7

4

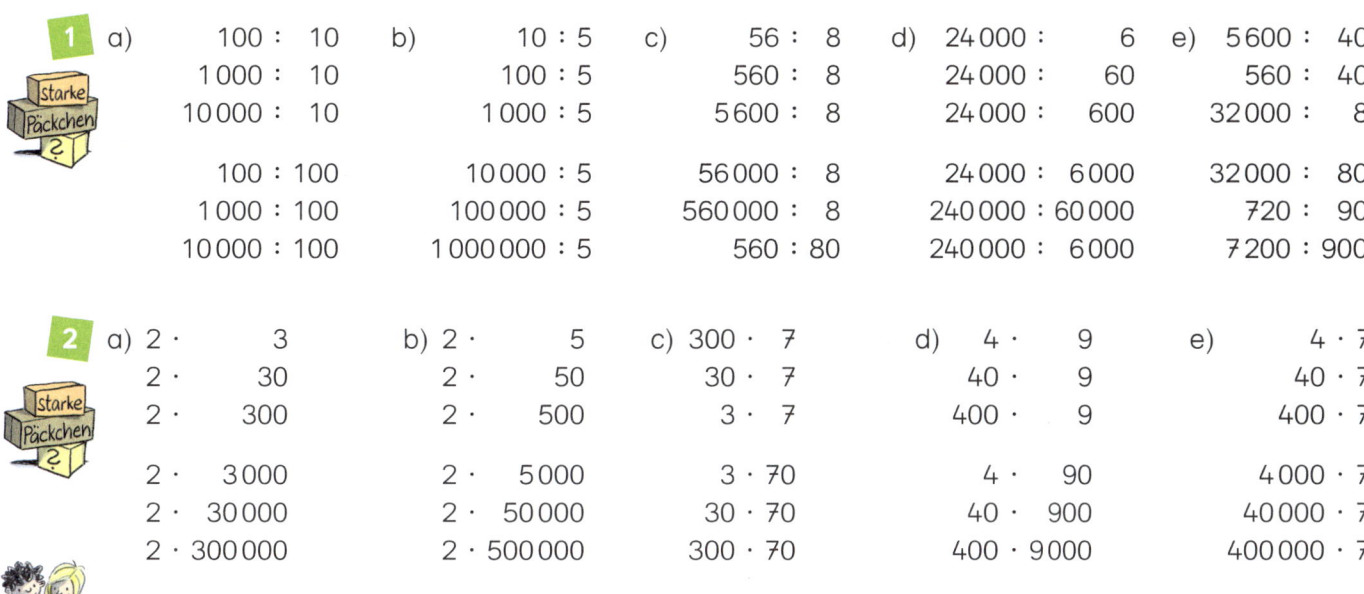

Wer 10 kg Kartoffeln ernten will, muss im April 1 kg Saatkartoffeln legen.
Opa Lehmann erntet im Oktober 960 Kilogramm.
Wie viel Kilogramm Saatkartoffeln hatte er gelegt?

5 a) Oma Weidenbach legte im April 12 kg Saatkartoffeln.
b) Bauer Niewald legt auf einem großen Feld 943 kg Kartoffeln. Auf dem Feld daneben will er im Herbst etwa 1 000 kg Rüben ernten. Wie viel kg Kartoffeln wird er wohl ernten?
c) Die Klasse 4a hat im Schulgarten 1500 g Saatkartoffeln gelegt.
Wie viel kg Kartoffeln erhofft sie sich?

6 # Zahlenjagd

- Ein Kind schreibt verdeckt eine Tausenderzahl auf.
- Die anderen „erfragen" die Zahl mit Multiplikationsaufgaben.

Wie heißt die versteckte Zahl?

5 · 6000 = **30 000**

5 · 5000 = **25 000**

7 · 4000 = **28 000**

Kleiner!

Größer!

Getroffen!

28 000

2 bis 4 Analogien entdecken und nutzen.
5 b) Eine Angabe wird zum Lösen der Aufgabe nicht benötigt.

Faltanleitung für einen Pustewürfel.

① Falte ein Quadrat in vier Dreiecke. ② Drücke die Seiten nach innen.

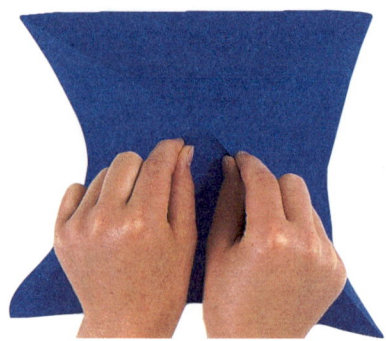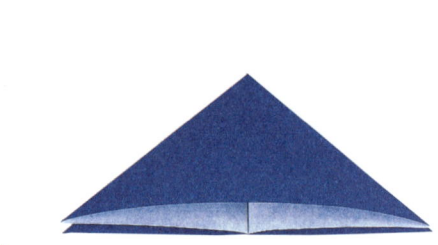

③ Falte die Spitzen A und B nach oben.

④ Falte wieder auf, knicke die Spitzen bis zur Faltlinie.

⑤ Falte die Spitzen anschließend nach innen.

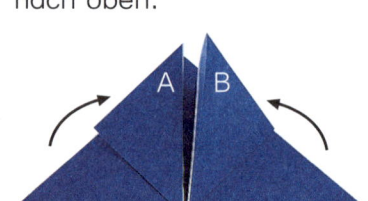

⑥ Wiederhole die Schritte 3 bis 5 auf der Rückseite.

Jetzt sieht es so aus.

⑦ Falte die rechte Ecke zur Mitte und klebe sie fest.

⑧ Falte auch die linke Ecke zur Mitte und klebe sie fest.

⑨ Wiederhole die Schritte 7 und 8 auf der Rückseite.

Jetzt sieht es so aus.

⑩ Falte die obere und die untere Spitze zur Mitte.

⑪ Falte sie wieder auf. Wiederhole dies auch auf der Rückseite.

⑫ An einer Spitze ist eine Öffnung. Puste kräftig hinein. Der Würfel entfaltet sich.

← Öffnung

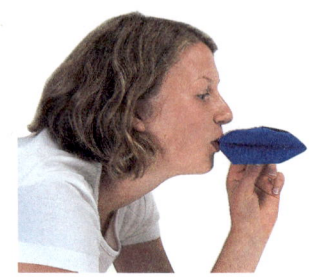

Dünnes Papier, z.B. auch Transparentpapier nehmen: mind. 20 cm x 20 cm.

Probealarm
in der Mauritiusschule

Brake. Die Jugendfeuerwehr konnte am 23. 11. ihre Kraft unter Beweis stellen: Sie verlegte bei einer Übung eine Leitung aus 60 Schläuchen, von denen jeder 20 m lang und 30 kg schwer war.

1
a) Wie lang war die Schlauchleitung?
b) Wie lang wäre die Leitung, wenn jeder Schlauch 5 m länger wäre?
c) Wie lang wäre die Leitung, wenn es zwei Schläuche weniger wären?
d) Erfinde weitere Aufgabenvariationen.

2
a) Wie schwer war die fertige Schlauchleitung beim Probealarm?
b) Wie schwer wäre die Schlauchleitung, wenn jeder Schlauch 40 kg wiegen würde?
c) Wie schwer wäre die Schlauchleitung, wenn es drei Schläuche mehr wären?
d) Bei einem Großeinsatz wurde eine 3,6 km lange Schlauchleitung gelegt. Jeder Schlauch war 20 m lang und wog 30 kg. Wie schwer war die Leitung?

3 Finde jeweils eine passende Frage. Rechne und antworte.

a) Bei der Berufsfeuerwehr sind 312 Mitarbeiter beschäftigt. Zur Freiwilligen Feuerwehr gehören 850 Personen.

b) Wir verlegen eine Leitung aus 80 Schläuchen. Jeder Schlauch ist 30 m lang.

c) Die ganze Leitung wiegt 800 kg. Ein Schlauch wiegt 40 kg.

d) Auf einer Schlauchrolle befinden sich 800 m. Im Feuerwehrauto sind drei Rollen.

e) Wir haben insgesamt 1206 Funkmeldegeräte. 178 davon sind gerade zur Reparatur.

f) In unserer Schlauchwerkstatt werden jährlich etwa 2500 Schläuche gereinigt. Die Hälfte der Schläuche ist 30 m lang. Die andere Hälfte ist 20 m lang.

W

4
a)	b)	c)	d)
8000 = ___ · 1000	9000 = ___ · 9000	10000 = ___ · 5000	12000 = ___ · 6000
8000 = ___ · 2000	9000 = ___ · 4500	10000 = ___ · 2500	12000 = ___ · 3000
8000 = ___ · 4000	9000 = ___ · 1000	10000 = ___ · 1250	12000 = ___ · 1000
8000 = ___ · 8000	9000 = ___ · 1	10000 = ___ · 1000	12000 = ___ · 4000

5
a)	b)	c)	d)
6000 : 1000	2000 : 2	10000 : 10000	24000 : 8
6000 : 2000	2000 : 4	10000 : 5000	24000 : 4
6000 : 3000	2000 : 5	10000 : 1000	24000 : 3
6000 : 6000	2000 : 20	10000 : 1	24000 : 2

Diese Tipps helfen bei Sachaufgaben.

Tipp 1:
Erzählen

Erzähle die Aufgabe deinem Partner.

Löst die Aufgaben dann gemeinsam.

Tipp 2:
Wichtige Informationen

Schreibe die Angaben heraus, die du zum Ausrechnen brauchst.

Tipp 3:
Schrittweise vorgehen

Überlege, was du zuerst berechnest, was im zweiten Schritt und was dann.

1. …
2. …
3. …

Tipp 4:
Skizze

Zeichne zur Aufgabe eine Skizze.

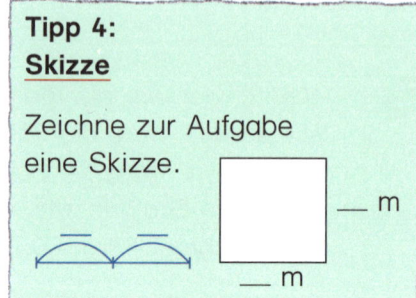

__ m

__ m

Mein Tipp:

Tipp 5:
Tabelle

Lege eine Tabelle mit den Daten der Sachaufgabe an.

Setze die Tabelle bis zur Lösung fort.

Tipp 6:
Ergebnis überprüfen

Überschlage und überlege, ob das Ergebnis stimmen kann.

?

---

1 Löst die Aufgabe. Welche Tipps verwendet ihr?

Rechen-konferenz

Von Lenas Wohnung bis zu Luca sind es 850 m. Max wohnt 700 m von Luca entfernt. Auf dem Weg zur Schule holt Lena Luca ab. Gemeinsam gehen sie zu Max. Von dort sind es noch 300 m bis zur Schule.
Wie weit ist Lenas Schulweg?

Zera und Tim

Tipp 1

Tipp 2:

Lena bis Luca: 850 m
Luca bis Max: 700 m
Max bis Schule: 300 m

Ole und Jule

Tipp 1

Tipp 4:

850 m   700 m   300 m

Lena   Luca   Max   Schule

---

2 Löst die Aufgabe. Welche Tipps helfen euch?

Ein Fußballfeld ist 100 m lang und 75 m breit.
Wie lange dauert es, bis du einmal herumgegangen bist?
Für 100 m brauchst du eine Minute.

Ich nehme Tipp 4.

3 Sucht euch Aufgaben aus. Löst sie.
Welche Tipps helfen euch?

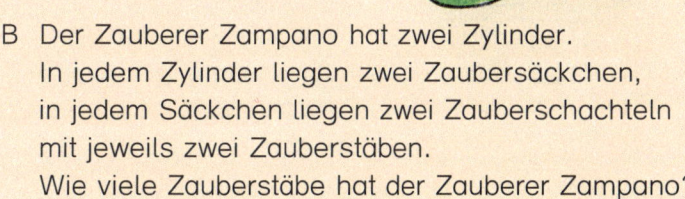

A Ella geht einkaufen.
Sie hat 20 € dabei.
Ein Buch kostet 4,90 €.
Sie kauft drei Bücher,
einen Bleistift zu 90 ct
und Milch zu 0,55 €.
Wie viel Geld bleibt
übrig?

B Der Zauberer Zampano hat zwei Zylinder.
In jedem Zylinder liegen zwei Zaubersäckchen,
in jedem Säckchen liegen zwei Zauberschachteln
mit jeweils zwei Zauberstäben.
Wie viele Zauberstäbe hat der Zauberer Zampano?

C Bei einem Stau auf der Autobahn
stehen 200 Pkws hintereinander.
Für einen Pkw rechnet man 4 m,
für den Abstand zwischen zwei
Autos 2 m.
Wie lang ist der Stau?

D Ein Brötchen kostet 30 ct, eine
Käsestange 80 ct. Marvin hat 6 €.
Wie viele Brötchen und Käsestangen
kann er dafür kaufen?

F Herr Reinwald und sein
Sohn Till wollen einen
neuen Sandkasten bauen.
Er ist 2,50 m lang und
3,30 m breit.
Wie viel Meter Bretter
brauchen sie für den
Sandkasten?

E Lisa klebt 24 Urlaubsfotos ein, immer
vier Fotos auf eine Seite. Für jedes Foto
benutzt sie vier Fotoecken.
Tim klebt 36 Fotos ein, immer sechs
Fotos mit je drei Fotoecken auf eine Seite.
Wer benötigt mehr Seiten im Fotoalbum?

W

4
a) $4 \cdot 7$
   $4 \cdot 70$
   $40 \cdot 70$

b) $2 \cdot 5$
   $2 \cdot 50$
   $20 \cdot 50$

c) $3 \cdot 9$
   $3 \cdot 90$
   $30 \cdot 90$

d) $6 \cdot 40$
   $60 \cdot 40$
   $60 \cdot 400$

e) $8 \cdot 70$
   $80 \cdot 70$
   $80 \cdot 700$

5
a) $25\,300 + 5$
   $25\,300 + 50$
   $25\,300 + 500$
   $25\,300 + 5000$
   $25\,300 + 50\,000$

b) $46\,210 + 6$
   $46\,210 + 60$
   $46\,210 + 600$
   $46\,210 + 6000$
   $46\,210 + 60\,000$

c) $87\,420 + 3$
   $87\,420 + 30$
   $87\,420 + 300$
   $87\,420 + 3000$
   $87\,420 + 30\,000$

d) $70\,840 + 4$
   $70\,840 + 40$
   $70\,840 + 400$
   $70\,840 + 4000$
   $70\,840 + 40\,000$

6
a) $64\,570 - 40\,000$
   $64\,570 - 4000$
   $64\,570 - 400$
   $64\,570 - 40$
   $64\,570 - 4$

b) $85\,760 - 60\,000$
   $85\,760 - 6000$
   $85\,760 - 600$
   $85\,760 - 60$
   $85\,760 - 6$

c) $79\,640 - 50\,000$
   $79\,640 - 5000$
   $79\,640 - 500$
   $79\,640 - 50$
   $79\,640 - 5$

d) $36\,280 - 30\,000$
   $36\,280 - 3000$
   $36\,280 - 300$
   $36\,280 - 30$
   $36\,280 - 3$

1 **3 · 312**

 Rechen-konferenz

Mein Weg:

312
312
+ 312
       Anna

3 · 300 = 900
3 · 10 = 30
3 ·   2 =   6
       Tim

> Beim schriftlichen Multiplizieren sollte die große Zahl zuerst stehen – nutze die Tauschaufgabe!

H	Z	E	
3	1	2	· 3
H	Z	E	
9	3	6	

3 · 2 E = 6 E
3 · 1 z = 3 z
3 · 3 H = 9 H

2 a)
T	H	Z	E	
	2	3	1	3 · 3
	T	H	Z	E

b)
T	H	Z	E	
	2	3	3	1 · 3
	T	H	Z	E

c)
T	H	Z	E	
	2	1	2	1 · 4
	T	H	Z	E

d)
T	H	Z	E	
	2	2	1	1 · 4
	T	H	Z	E

3 a)
H	Z	E	
2	3	4	· 3
T	H	Z	E

> 3 · 4 = **12**
> Ich schreibe **2** und merke mir **einen Zehner.**

b)
H	Z	E	
2	1	4	· 4
T	H	Z	E

c)
T	H	Z	E	
1	0	3	1	· 5
	T	H	Z	E

d)
T	H	Z	E	
1	2	1	1	· 6
	T	H	Z	E

4 a) 1 5 0 3 · 4   b) 1 5 0 3 0 · 4   c) 1 2 0 6 8 · 7   d) 1 2 6 0 8 0 · 7

e) 9 0 6 4 0 · 6   f) 6 5 0 8 4 0 · 8   g) 7 0 6 9 5 4 · 9   h) 5 4 3 2 1 0 · 5

i) 1 2 3 0 9 4 5 · 4   j) 7 5 4 0 3 6 7 0 · 3   k) 9 0 8 0 7 0 6 0 · 5

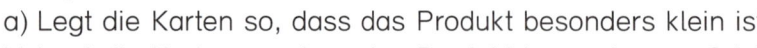
6012   45678   60120   84476   543840   882560   2716050   4923780   5206720   6362586   226211010   454035300

5 Ein Kind multipliziert, das andere addiert zur Kontrolle.

a)	b)	c)	d)
703 · 3	302 · 3	401 · 4	702 · 2
7031 · 2	2302 · 3	11401 · 4	7012 · 3
17130 · 2	3202 · 3	4101 · 4	27210 · 0
7310 · 3	23022 · 3	4011 · 4	7010 · 2
71301 · 2	12302 · 3	14104 · 4	12702 · 3

6 Legt mit den Ziffernkarten 5 6 7 8 9 eine vierstellige Zahl und eine einstellige Zahl. Multipliziert.

a) Legt die Karten so, dass das Produkt besonders klein ist.

b) Legt die Karten so, dass das Produkt besonders groß ist.

7 Wer sitzt neben der Mutter?

 zum Knobeln

Auf einer Bank sitzen Noah, seine Mutter, sein Opa und sein Freund Ben.
Opa sitzt neben Noah, aber nicht neben Ben.
Ben sitzt nicht neben Noahs Mutter.

1 Evtl. Material legen. Halbschriftliche und schriftliche Verfahren gegenüberstellen.
1 und 2 Ohne Übertrag. 3 Sprich: „2 hin, 1 im Sinn."
7 Logical. Zwei Möglichkeiten.

1 Daniels Familie kaufte im letzten Jahr an 207 Tagen je vier Brötchen. Wie viele Brötchen waren es insgesamt?

 **2** An Annas Familie wurden im letzten Jahr an 318 Tagen je drei Brötchen geliefert.

3 Familie Özer kaufte im vergangenen Jahr täglich je sechs Brötchen.

4 Wie viele Brötchen isst deine Familie im Jahr?

5
a)	b)	c)	d)	e)
36 · 4	98 · 5	87 894 · 1	999 · 8	71 104 · 1
72 · 4	196 · 5	87 894 · 2	1 998 · 4	35 552 · 2
144 · 4	392 · 5	87 894 · 4	3 999 · 2	17 776 · 4
288 · 4	784 · 5	87 894 · 8	7 992 · 1	18 888 · 8

6 Können diese Ergebnisse stimmen? Prüfe mit einem **Überschlag**.

a) 287 · 3 = 861
b) 212 · 6 = 772
c) 297 · 8 = 2 376
Luis

a) Ü: 300 · 3 = 900
861 kann stimmen.

d) 97 · 4 = 288
e) 406 · 9 = 3 654
f) 483 · 7 = 2 381
Hannah

g) 1 087 · 5 = 5 435
h) 5 870 · 3 = 17 610
i) 2 793 · 4 = 8 172
Elias

7
A Einmaleinsfehler   **B** Übertrag vergessen   **C** Null vergessen

7 2 1 · 7
5 4 7
Ben

Ben
Fehler C

3 5 2 · 4
1 4 8
Marie

5 1 7 · 6
3 0 0 2
Tim

6 0 3 · 8
5 6 2 4
Johanna

2 3 4 · 3
6 9 2
Felix

Welche Fehler haben die Kinder gemacht?

8 Findest du die fehlenden Ziffern?

a) 4 5 2 1 · 5
   2 2 □ 0 5

b) 3 0 6 3 · 4
   1 2 □ 5 □

c) 6 8 0 7 · 8
   5 □ 4 □ 6

d) 1 0 9 9 · 7
   □ 6 □ 3

e) 8 2 4 □ · 3
   2 4 7 2 0

f) □ 5 0 □ · 4
   3 8 0 1 6

g) 9 □ 3 □ · 8
   7 2 2 4 0

h) 5 4 □ □ · 5
   2 7 1 2 5

5 Untersuchen, wie sich das Verdoppeln/Halbieren eines Faktors auf das Ergebnis auswirkt.
6 4 Aufgaben wurden falsch gelöst. 8 Anschließend noch einmal nachrechnen.

0,79 €

Nr. 7 Gero Baller

0,58 €

1

7	9	ct	·	4
			6	ct

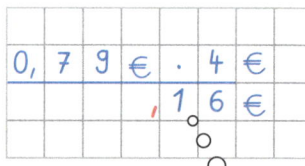

Wie viel kosten vier Pferdesticker?
Entscheidet:
Rechnet mit oder ohne Komma.

Zwei Stellen nach dem Komma.

2 Wie viel müssen die Kinder für die Sticker bezahlen?
a) Leon kauft vier Fußballsticker.
b) Paul kauft sechs Fußballsticker.
c) Julia kauft fünf Pferdesticker.
d) Katharina kauft drei Pferdesticker.

3

a)
1,80 € · 6
2,30 € · 4
5,60 € · 3
4,20 € · 7

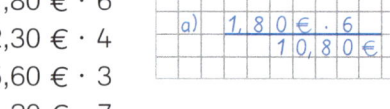

b)
3,42 € · 4
7,09 € · 5
4,16 € · 3
5,72 € · 6

c)
7,40 € · 5
4,20 € · 7
4,08 € · 8
3,07 € · 4

d)
12,14 € · 2
22,31 € · 4
25,75 € · 9
10,28 € · 8

7,50 € 9,20 € 10,80 € 12,28 € 12,48 € 13,68 € 16,80 € 24,28 € 29,40 € 29,40 € 32,64 € 34,32 € 35,45 € 37,00 € 82,24 € 89,24 € 231,75 €

4 Überschlage und rechne. Vergleiche immer Überschlag und Ergebnis.

a)
7 · 6,85 €
3 · 4,06 €
4 · 5,79 €

b)
5 · 3,92 €
6 · 7,05 €
8 · 2,87 €

c)
7 · 0,86 €
9 · 2,15 €
4 · 3,76 €

d)
2 · 12,17 €
3 · 10,93 €
6 · 9,82 €

5

a) Johanna hat 75 € gespart.
Sie überlegt, ob sie sich fünf Stunden Reittraining leisten kann.
Eine Trainingsstunde kostet 12,50 €.

Reicht das Geld?

b) Lea kann 40 € ausgeben.
Sie möchte ihrer Schwester möglichst viele Trainingsstunden schenken.

c) Sophie möchte für ihr Pony leckere Belohnungswürfel kaufen.
1 kg kostet 2,65 €. In der 5-kg-Großpackung kostet 1 kg nur 2,49 €.
Sophie hat 13 Euro.

W

6 Welche Zahl steht in der Mitte?

a)
0   4000

b)
0   6000

c)
0   12000

d)
0   5000

e)
0   7000

f)
0   9000

g)
2000   10000

h)
3000   9000

i)
1000   8000

1

a) Die Kästnerschule verbraucht täglich etwa 20 Flaschen Wasser. Wie viele Flaschen werden in einem Schuljahr (182 Tage) verbraucht?

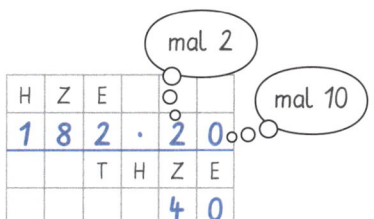

H	Z	E			
1	8	2	·	2	0
	T	H	Z	E	
				4	0

mal 2

mal 10

$$\begin{array}{r} 1\,8\,2 \cdot 2 \\ \hline 3\,6\,4 \end{array}$$

$364 \cdot 10 = 3\,640$

Leonie

b) Die Lindgrenschule verbraucht am Tag rund 30 Flaschen Wasser.

2 Überschlage und rechne. Vergleiche immer Überschlag und Ergebnis.

a) 472 · 20
472 · 40
472 · 80
472 · 60

a) Ü: 500 · 20 =
472 · 20
9440

b) 241 · 90
20041 · 30
2041 · 60
2401 · 30

c) 721 · 70
1442 · 70
2884 · 70
5768 · 70

d) 419 · 40
5678 · 90
6990 · 70
7884 · 80

3 Multipliziere mit **Hunderterzahlen**.

a) 342 · 300
342 · 500
523 · 200
523 · 400

a) 342 · 300
102600

b) 234 · 300
234 · 600
613 · 200
613 · 400

c) 1026 · 400
1026 · 800
2037 · 200
2037 · 400

d) 2107 · 200
2107 · 400
1587 · 300
1587 · 600

4 Rechne **im Kopf** oder schriftlich.

a) 751 · 10
751 · 100
751 · 300

b) 302 · 800
302 · 100
302 · 200

c) 867 · 30
867 · 700
867 · 10

d) 243 · 600
243 · 200
508 · 700

e) 796 · 400
687 · 300
310 · 200

7510 8670 9420 26010 30200 48600 60400 62000 75100 145800 206100 225300 241600 318400 355600 606900

5 Verbraucht deine Schule in einem Monat mehr als 1000 Flaschen Getränke?

W

6 Welche Zahl steht in der Mitte?

a) ├────┼────┼
0   20000

b) ├────┼────┼
0   40000

c) ├────┼────┼
0   80000

d) ├────┼────┼
0   30000

e) ├────┼────┼
0   50000

f) ├────┼────┼
0   70000

g) ├────┼────┼
20000   80000

h) ├────┼────┼
10000   100000

i) ├────┼────┼
50000   100000

1 und 2 Nachvollziehen und beschreiben: Für das Verzehnfachen in die Einerstelle eine Null setzen;
die weiteren Ergebnisstellen rücken dadurch eine Stelle nach links.
5 Fermi-Aufgabe: Fehlende Angaben sammeln. Überschlägig abschätzen.

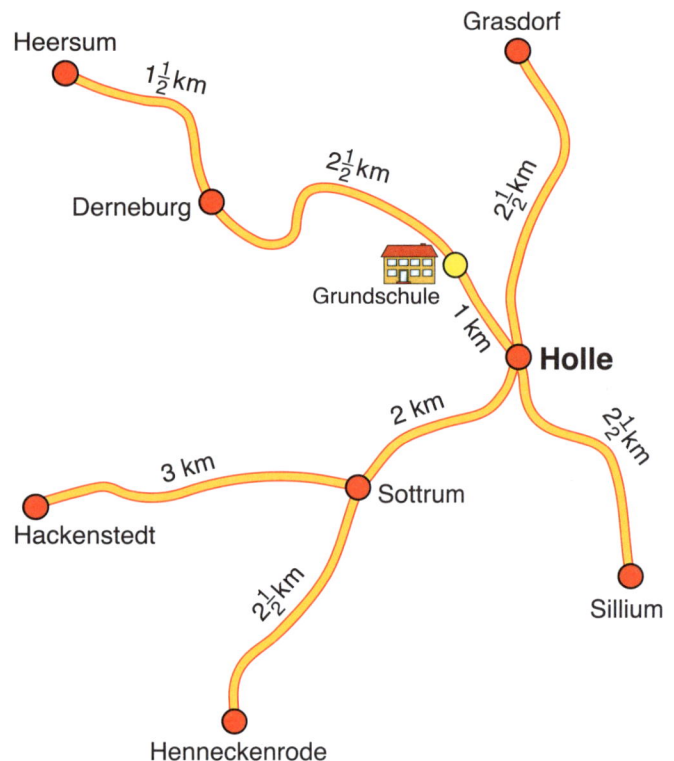

1 Aus diesen Orten besuchen alle Kinder dieselbe Grundschule. Erzähle und rechne.

Schulbus-haltestelle

2 Anne fährt mit dem Bus von Sillium zur Grundschule in Holle. Sie möchte wissen, wie viel Kilometer sie in vier Schuljahren fährt.

Ein Schuljahr hat etwa 182 Tage.

Wie viel km an einem Tag?

Wie viel km in einem Schuljahr?

Beschreibe deinen Lösungsweg.

3 a) Finde heraus, wie viel Kilometer dein Schulweg hat.
b) Wie viel Kilometer sind es in einem Schuljahr?

4

Dennis aus Derneburg besucht 3 Jahre die Grundschule Holle.
Leo

Petra wohnt in Sottrum. Wie viel km Schulweg hat sie in einem Schuljahr?
Britta

Stefanie wohnte 2 Jahre in Grasdorf, dann 2 Jahre in Sillium. Wie viel km Schulweg hatte sie in 4 Jahren?
Laura

Frau Breiter aus Heersum ist Lehrerin an der Schule in Holle. Sie ist im letzten Jahr 230-mal in die Schule gefahren.
Anna

Timo wohnt 1km von der Schule weg. Wie viele km Schulweg ist er in vier Jahren gegangen?
Lena

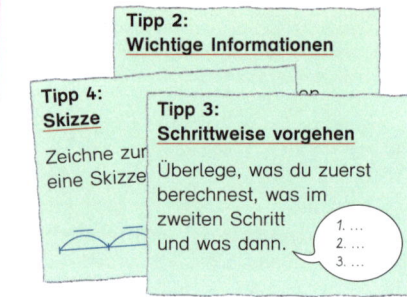

Tipp 2: **Wichtige Informationen**

Tipp 4: **Skizze**
Zeichne zur eine Skizze

Tipp 3: **Schrittweise vorgehen**
Überlege, was du zuerst berechnest, was im zweiten Schritt und was dann.
1. ...
2. ...
3. ...

5 Denke dir zu jeder Rechnung eine Sachaufgabe aus. Schreibe sie auf und gib sie zum Ausrechnen weiter.

a)
$2 \cdot 2\frac{1}{2}$ km = 5 km
$\underline{182 \cdot 5 \text{ km}}$

b)
$2 \cdot 4$ km = 8 km
$\underline{182 \cdot 8 \text{ km}}$

Denkt euch weitere Aufgaben aus.

6 Alle Kinder gehen in die Grundschule Holle. Wo könnten sie wohnen?
a) Leon geht im Schuljahr 364 km.
b) Lena fährt 1092 km.
c) Erkan fährt 1274 km.
d) Mia fährt 910 km.

Hin- und Rückwege berechnen.
6 Evtl. Tabelle anlegen.

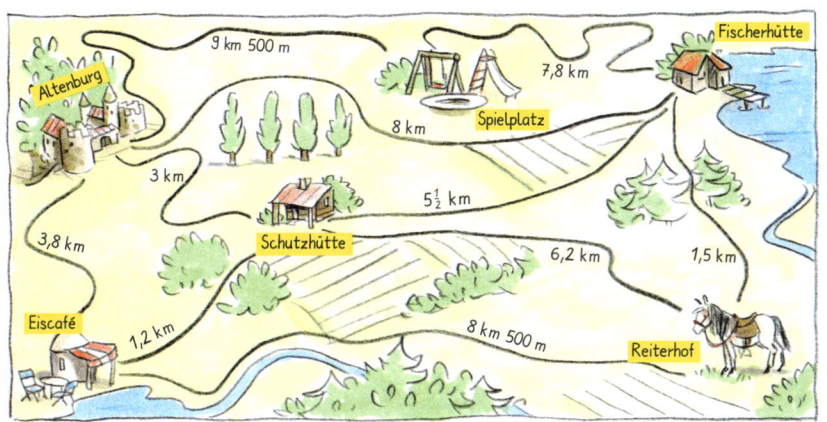

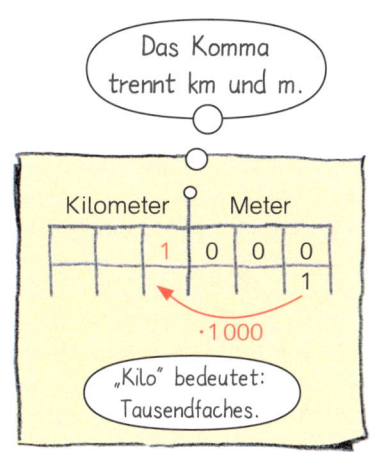

Das Komma trennt km und m.

Kilometer				Meter		
			1	0	0	0
						1

· 1000

„Kilo" bedeutet: Tausendfaches.

1 Wie lang sind die Wege
a) vom Reiterhof zur Fischerhütte?
b) vom Reiterhof nach Altenburg?
c) vom Eiscafé zur Fischerhütte?

a) | | 1, | 5 | 0 | 0 | km |
Robin

a) | | 1, | 5 | km |
Nikolai

1,500 km = 1,5 km
Beides ist richtig.

2 Wo könnten die Wandergruppen jetzt sein?
a) Familie Petrov ist von der Fischerhütte 7,700 km gewandert.
b) Familie Oskamp ist beim Reiterhof gestartet und hat schon 9,300 km geschafft.
c) Familie Weiß ist beim Eiscafé gestartet und ist nach 27,8 km am Ziel angekommen.

3 zum Knobeln   Könnte man alle Orte besuchen, ohne einen Weg doppelt zu gehen?

4 Erkundet Wanderwege aus eurer Umgebung. Macht Wandervorschläge.

5 Schreibe mit Komma.

a) 1 km 300 m   a) | | 1 km 3 0 0 m = 1, 3 0 0 km |
   1 km 550 m
   1 km 428 m
   1 km 303 m
   1 km 99 m

b) 2 km 500 m   c) 3 km 400 m   d) $10\frac{1}{2}$ km
   2 km 50 m   4 km 50 m $12\frac{1}{2}$ km
   2 km   5 m   5 km   6 m $5\frac{1}{2}$ km
   2 km 55 m   6 km 666 m $7\frac{1}{2}$ km
          5 m   7 m $\frac{1}{2}$ km

6 Wandle um.

a) 1600 m   b) 15 320 m   c)   3 m   d)   365 m   e) 876 543 m
   160 m   1532 m   36 m   6 m   84 067 m
   16 m   150 m   5432 m   16 789 m   605 040 m
                                    895 m   76 m   36 543 m
   a) | 1 6 0 0 m = 1 km 6 0 0 m = 1, 6 km |
                                  29 050 m   5 321 m   123 456 m

7 Vergleiche. Setze ein: > oder < oder =.

a) 4450 m ◯ $4\frac{1}{2}$ km   b) 5,730 km ◯   580 m   c) 4,5 km ◯ 4,499 km
   4500 m ◯ $4\frac{1}{2}$ km   0,460 km ◯ 4630 m   7,9 km ◯ 7,900 km
   4505 m ◯ $4\frac{1}{2}$ km   1,2   km ◯ 1020 m   0,1 km ◯ 0,010 km
   4055 m ◯ $4\frac{1}{2}$ km   4,300 km ◯ 4340 m   10,8 km ◯ 1,800 km
   4555 m ◯ $4\frac{1}{2}$ km   6,008 km ◯ 6100 m   5,8 km ◯ 5,855 km

1 Mehrere Lösungen. **3** Diff.: Gesamtstrecke berechnen.

1

a) Passt das Regal noch an die Rückwand, wenn das Auto in der Garage steht?
b) Passt der Wagen mit Gepäckbox in die Garage?

2

Sind so genaue Maße immer wichtig?

Im Katalog sind die Maße des Autos genau in Millimeter angegeben.

Rechne die Maße um in m, cm und mm.

a) 1 7 3 5 mm = 1 m 7 3 cm 5 mm

3 Passt das Auto in die Garage von Aufgabe 1?
a) Frau Voß kauft einen Van mit 1900 mm Höhe und 5490 mm Länge.
b) Frau Lammels Auto hat folgende Maße: 1817 mm breit, 1421 mm hoch und 4520 mm lang.

4
a) Wie lang ist euer Auto?
b) Wie breit ist euer Auto?
c) Wie hoch ist es?
d) Würde es in die Garage von Aufgabe 1 passen?

5 Zeichne die Strecken mit gespitztem Bleistift.
Gib die Längen in zwei Schreibweisen an.

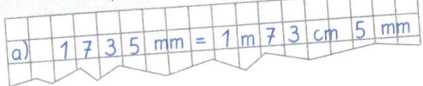
35 mm

a) 3 cm 5 mm
8 cm 2 mm
10 cm 2 mm
7 cm 3 mm
6 cm 9 mm

a) 3 cm 5 mm
   3 5 mm

b) 25 mm
43 mm
102 mm
56 mm
113 mm

c) $\frac{1}{2}$ cm
$1\frac{1}{2}$ cm
$3\frac{1}{2}$ cm
$5\frac{1}{2}$ cm
$9\frac{1}{2}$ cm

d) 1 cm 9 mm
0 cm 4 mm
11 cm 0 mm
8 cm 6 mm
10 cm 1 mm

6 Wandle um in Millimeter.

a) 1 cm
10 cm
100 cm
200 cm
20 cm
220 cm

a) 1 cm = 1 0 mm
   1 0 cm =

b) 4 cm
14 cm
140 cm
150 cm
250 cm
255 cm

c) 2 cm
11 cm
17 cm
3 m
15 m
34 m

d) $\frac{1}{2}$ cm
$1\frac{1}{2}$ cm
$2\frac{1}{2}$ cm
1 m
$1\frac{1}{2}$ m
$4\frac{1}{2}$ m

e) 2 cm 4 mm
12 cm 4 mm
120 cm 4 mm
110 cm 3 mm
101 cm 1 mm
183 cm 7 mm

4 Messen oder die Maße dem Fahrzeugschein entnehmen.

1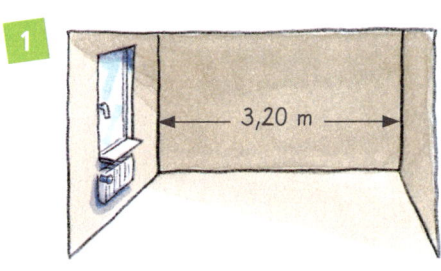

Im Kinderzimmer soll eine 3,20 m lange Regalwand aufgestellt werden. Diese Brettlängen stehen zur Verfügung.

a) Stelle eine Regalwand zusammen.
b) Finde weitere Möglichkeiten.
c) Welche Möglichkeiten gäbe es, wenn die Wand 20 cm breiter wäre?

2 Das Kinderzimmer ist 4,85 m breit. Vier Regale stehen schon an der Wand. Das erste Regal ist 30 cm breit, das zweite Regal 1,20 m, das dritte Regal 2,40 m und das vierte Regal 35 cm breit. Überlege: Ist noch Platz für ein 90 cm breites Bett?

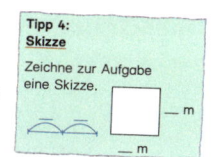

Tipp 4:
Skizze

Zeichne zur Aufgabe eine Skizze.

„Zenti"meter bedeutet:
der hundertste Teil eines Meters.

3 Rechne um in Zentimeter.

a)	b)	c)	d)	e)
1 m	2 m	$\frac{1}{2}$ m	3 m 40 cm	19 m 5 cm
10 m	20 m	$1\frac{1}{2}$ m	5 m 4 cm	124 m 80 cm
100 m	300 m	$4\frac{1}{2}$ m	6 m 44 cm	86 m 4 cm
1000 m	4000 m	$16\frac{1}{2}$ m	14 m 3 cm	254 m 66 cm

4 Rechne um in Zentimeter.

a)	b)	c)	d)	e)	f)
2,70 m	5,3 m	24,80 m	0,25 m	0,49 m	0,01 m
2,07 m	15,03 m	224,88 m	0,05 m	0,04 m	0,10 m
2,7 m	5,30 m	224,08 m	0,5 m	0,4 m	0,11 m
2,77 m	15,33 m	24,8 m	0,55 m	0,9 m	1,0 m

5 Jeweils **drei Schreibweisen** für dieselbe Länge.

a) 5 m 3 cm
   5 m 30 cm
   5 m 33 cm

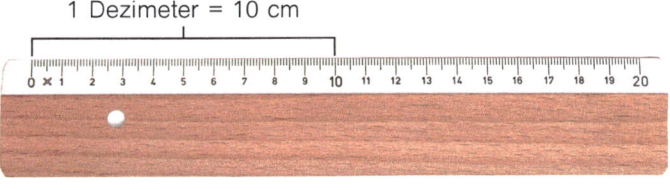
a) | 5 m 3 cm = 5,03 m = 503 cm

b) 10 m 1 cm
   10 m 10 cm
   10 m 11 cm

c) 4,08 m
   4,80 m
   4,8 m

d) 35 m 12 cm
   3 m 10 cm
   30 m 5 cm

1 Dezimeter = 10 cm

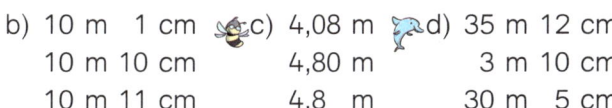

„Dezi"meter bedeutet:
der zehnte Teil eines Meters.

6 Rechne um in Dezimeter.

a)	b)	c)	d)	e)	f)
20 cm	100 cm	1 m	$\frac{1}{2}$ m	0,5 m	800 mm
30 cm	400 cm	2 m	$1\frac{1}{2}$ m	0,3 m	1000 mm
50 cm	700 cm	15 m	$10\frac{1}{2}$ m	1,2 m	1200 mm
60 cm	900 cm	30 m	$5\frac{1}{2}$ m	2,8 m	5000 mm

7 Eine Raupe will auf einen Baum kriechen. Sie schafft in der ersten Stunde 0,80 m, in der zweiten Stunde rutscht sie 12 cm nach unten. In der dritten Stunde kriecht sie wieder 0,80 m nach oben und rutscht in der nächsten Stunde 12 cm nach unten. So geht es immer weiter. Wie hoch kommt die Raupe in 7 Stunden?

1 und 2 Produktives Üben. Skizzieren und rechnen.

1 a) Stellt einen Faltwinkel her.

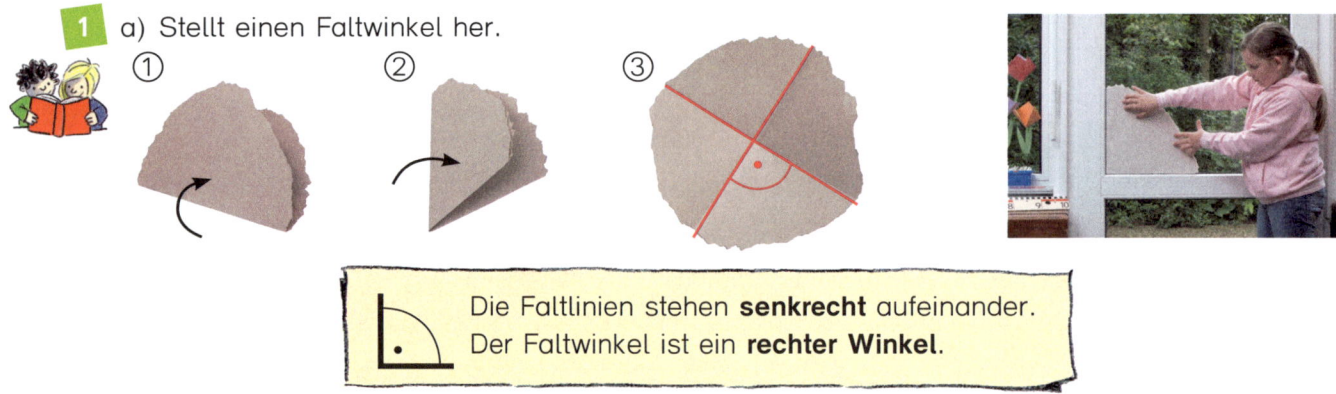

> Die Faltlinien stehen **senkrecht** aufeinander.
> Der Faltwinkel ist ein **rechter Winkel**.

b) Sucht im Klassenraum rechte Winkel. Prüft mit dem Faltwinkel.

2 Welche Linien stehen senkrecht aufeinander? Prüfe.

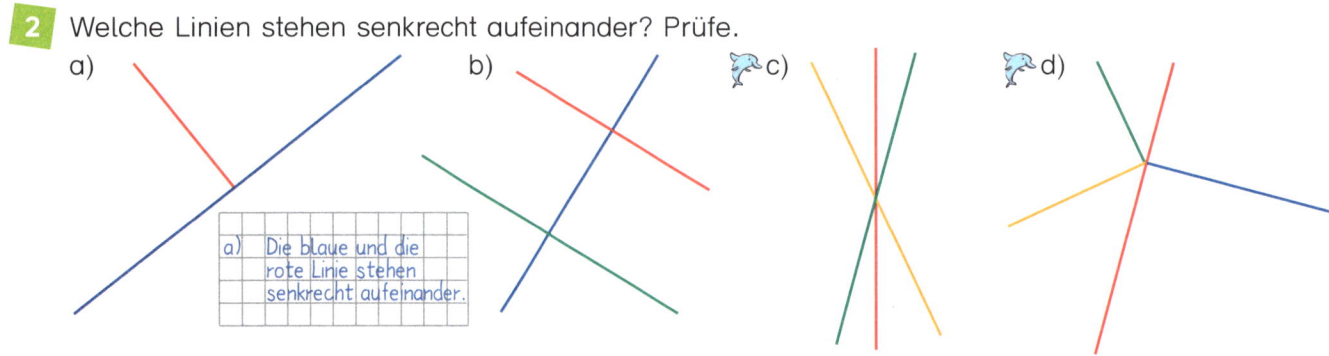

a) Die blaue und die rote Linie stehen senkrecht aufeinander.

3 a) Übertrage die Formen in dein Heft.
b) Welche Formen haben rechte Winkel? Prüfe und kennzeichne sie.

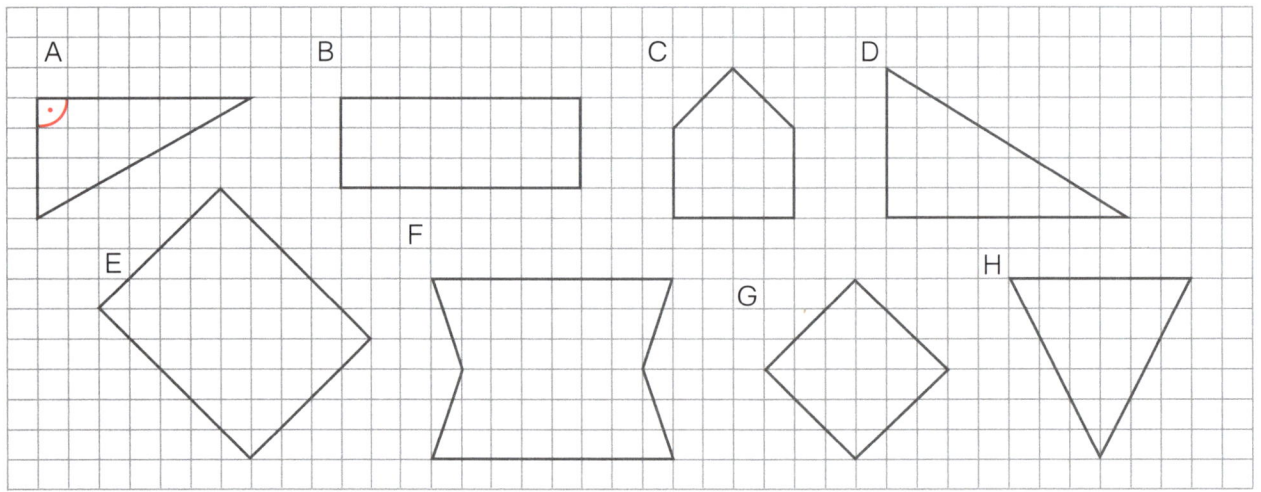

c) Zeichnet eigene Formen mit und ohne rechten Winkel. Gebt sie zum Nachzeichnen weiter.

4 Kann das stimmen?

a) „Es gibt kein Dreieck mit zwei rechten Winkeln."

b) „Das Quadrat hat vier rechte Winkel."

c) „Ein Sechseck hat sechs rechte Winkel."

d) „Ein Kreis hat keinen rechten Winkel."

e) „Ein Dreieck kann einen rechten Winkel haben."

f) „Ein Rechteck hat keinen rechten Winkel."

Überprüft durch Probieren.

2 Diff.: Aufeinander senkrecht stehende Linien zeichnen. **4** Vier Aussagen sind richtig.

5  Zeichnet mit dem **Geodreieck** rechte Winkel auf beide Arten. Vergleicht.

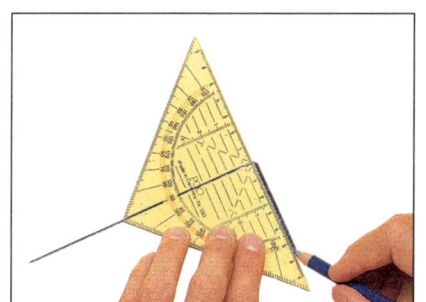 

6 Zeichne ein Rechteck von 7 cm Länge und 4 cm Breite.

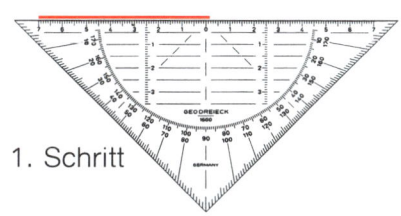

1. Schritt

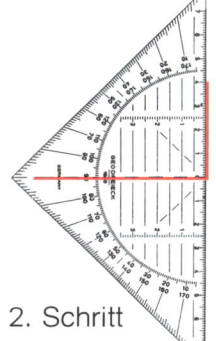

2. Schritt

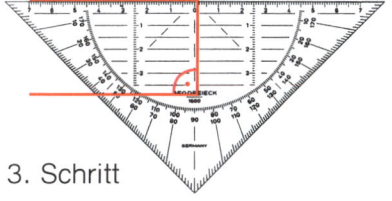

3. Schritt

Wie geht es weiter?

7 Zeichne Rechtecke mit dem Geodreieck auf Papier ohne Kästchen.

a)
	A	B	C	D
Länge	5 cm	6 cm	12 cm	14 cm
Breite	4 cm	6 cm	7 cm	14 cm

b)
	E	F	G	H
	75 mm	100 mm	140 mm	68 mm
	15 mm	85 mm	115 mm	32 mm

8 a) Welche Vierecke sind Rechtecke? Überprüfe mit dem Geodreieck.

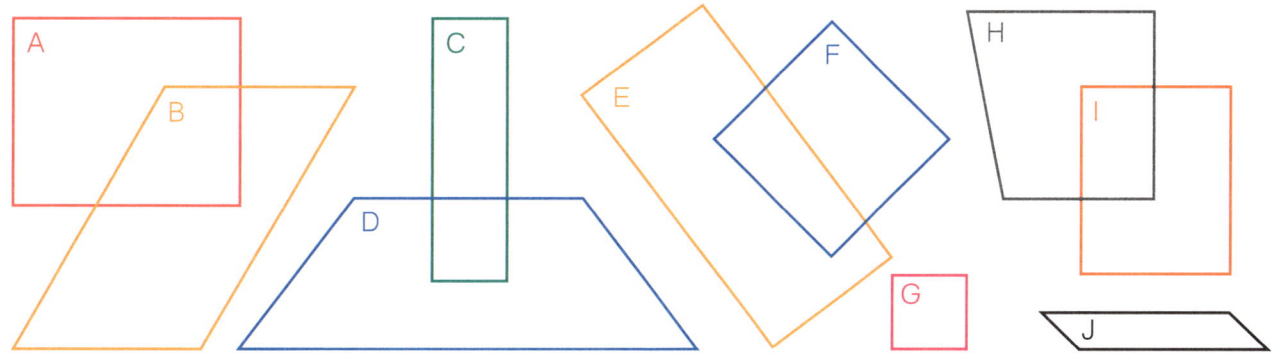

b) Zeichne nur die Vierecke mit vier rechten Winkeln.

W

9 Vergleiche. Setze ein: > oder < oder =.

a)
990 m ◯ 1 km
1000 m ◯ 1 km
1010 m ◯ 1 km

600 m ◯ $\frac{1}{2}$ km
501 m ◯ $\frac{1}{2}$ km
500 m ◯ $\frac{1}{2}$ km

b)
10 cm ◯ 1 m
100 cm ◯ 1 m
1000 cm ◯ 1 m

500 cm ◯ $\frac{1}{2}$ m
50 cm ◯ $\frac{1}{2}$ m
5 cm ◯ $\frac{1}{2}$ m

c)
1 mm ◯ 1 cm
100 mm ◯ 1 cm
10 mm ◯ 1 cm

12 mm ◯ 12 cm
120 mm ◯ 12 cm
1200 mm ◯ 12 cm

Geodreieck einführen. **5** Das exakte Zeichnen der Ecke erfahren.
7 und **8** Quadrat als Rechteck thematisieren.

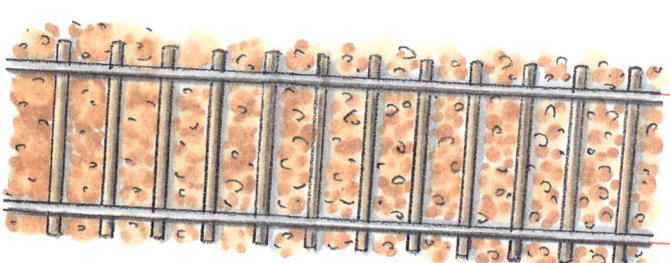

1 Die Eisenbahnschienen verlaufen **parallel.** Warum muss das so sein?

Abstand · Abstand

2 Wo findet ihr in der Klasse und auf dem Schulhof parallele Linien?

Parallele Linien haben überall denselben Abstand.

3 So kannst du mit dem Geodreieck parallele Linien zeichnen. Probiere selbst.

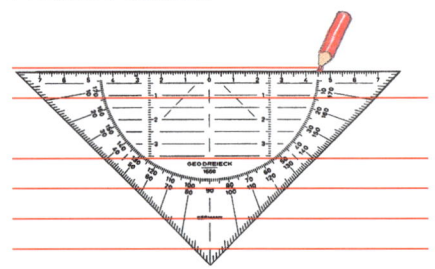

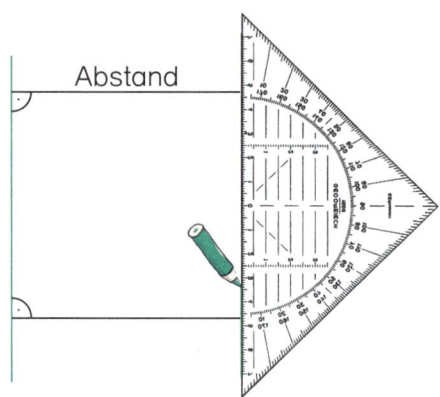

Abstand

4 Zeichne parallele Linien mit diesem Abstand.

a) 1 cm   b) 4 cm   c) 25 mm   d) 60 mm   e) 10 cm   f) $3\frac{1}{2}$ cm

5 a)

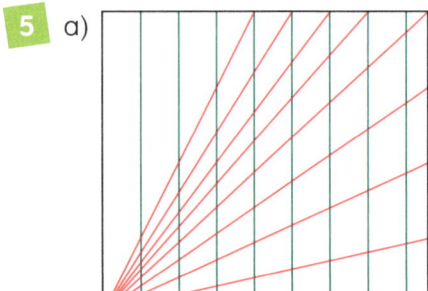

b)

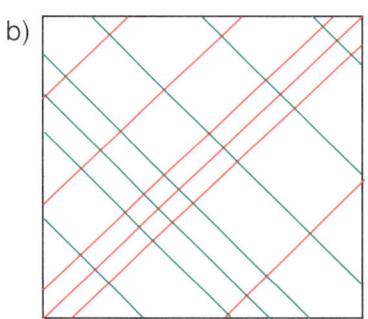

c)

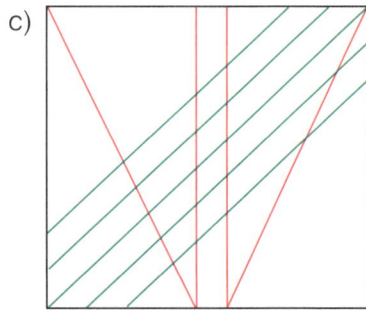

Welche Linien verlaufen parallel? Prüfe und beschreibe. Entwirf eigene Muster.

6 Zeichne die Muster mit dem Geodreieck. Setze fort.

A

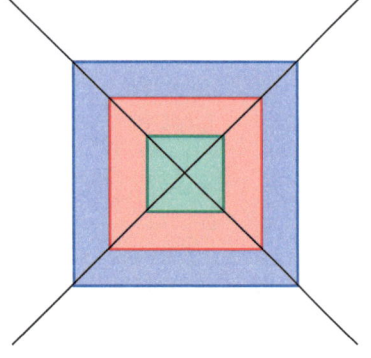

B

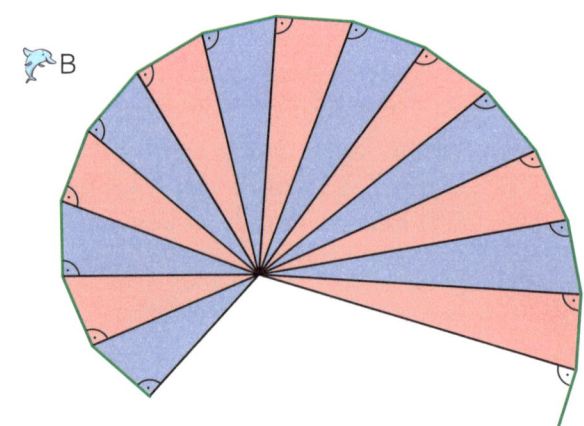

6 B Die grünen Strecken müssen immer 1 cm lang sein. Diff.: Auch eigene Muster entwerfen und farbig gestalten.

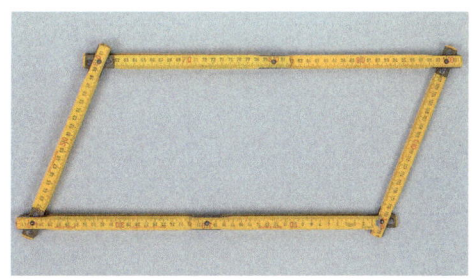

Bei einem **Parallelogramm** verlaufen die gegenüberliegenden Seiten **parallel**. Sie sind jeweils gleich lang.

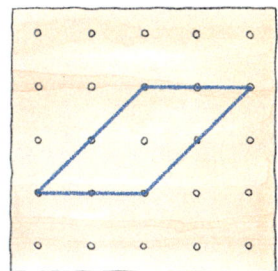

 1 Probiert mit dem Zollstock oder spannt auf dem Geobrett. Findet verschiedene Möglichkeiten. Vergleicht.

2 a) Welche dieser Vierecke sind Parallelogramme?
b) Zeichne sie. Färbe die parallelen Seiten mit gleicher Farbe.

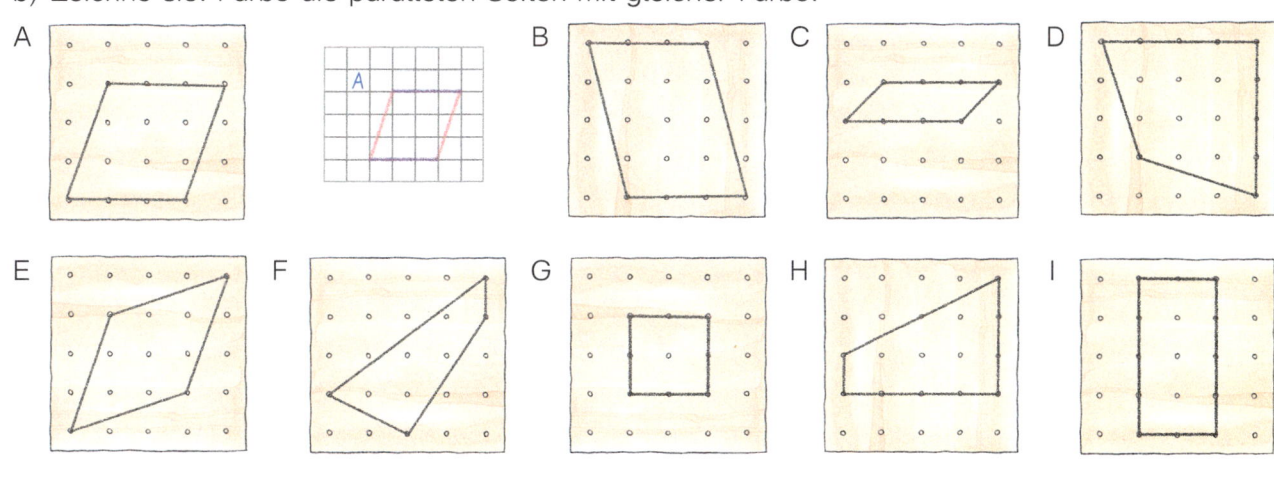

  **3** *Kann das stimmen?*

a) „Ein Dreieck kann auch ein Parallelogramm sein."

b) „Ein Quadrat ist ein Parallelogramm."

4 Spanne und verändere Schritt für Schritt. Zeichne die fehlenden Figuren.

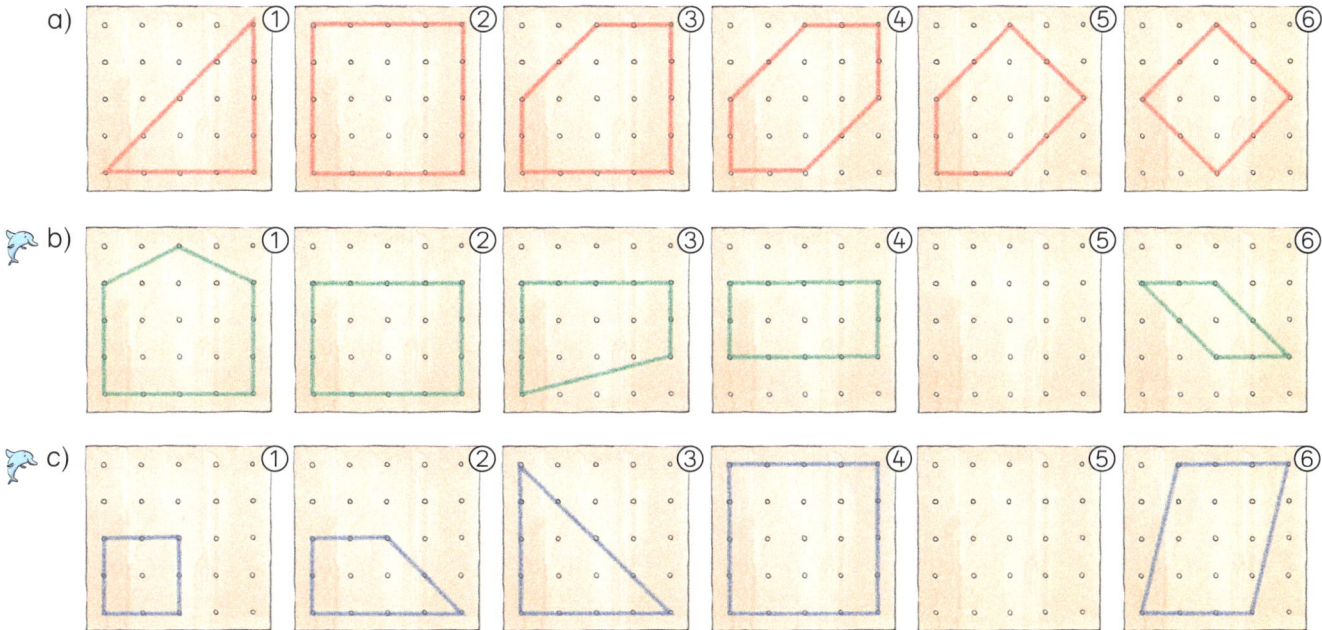

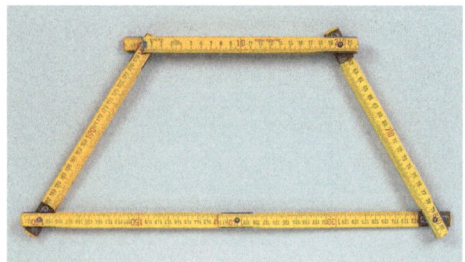

Bei einem **Trapez** verlaufen zwei gegenüberliegende Seiten **parallel**.

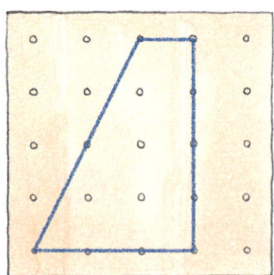

 Probiert mit dem Zollstock oder spannt Trapeze auf dem Geobrett. Findet verschiedene Möglichkeiten. Vergleicht.

2 a) Welche dieser Vierecke sind Trapeze?
b) Zeichne sie. Färbe die parallelen Seiten mit gleicher Farbe.

A 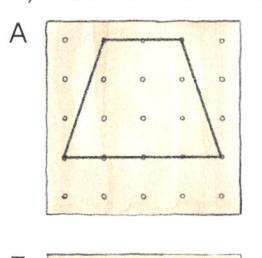 B 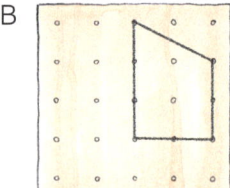 C 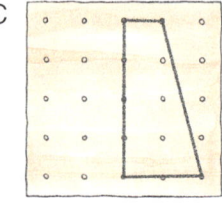 D 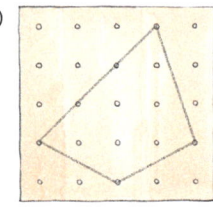 E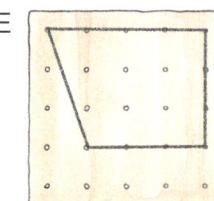

F 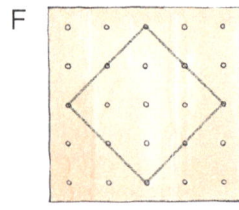 G 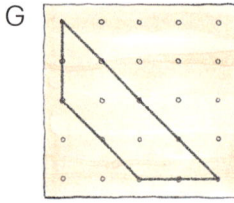 H 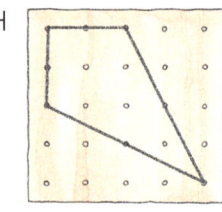 I 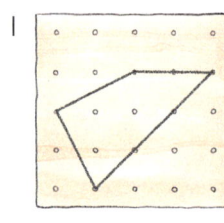 J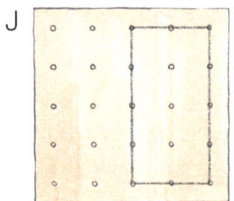

 **3**  Kann das stimmen?

a) „Ein Trapez hat nie rechte Winkel."

b) „Jedes Quadrat ist ein Rechteck."

c) „Jedes Rechteck ist auch ein Parallelogramm."

d) „Ein Trapez mit genau zwei rechten Winkeln ist ein Rechteck."

e) „Ein Parallelogramm hat immer rechte Winkel."

f) „Bei einem Trapez müssen alle Seiten gleich lang sein."

4 Eine Schule hat Trapeztische gekauft. Die Tische können unterschiedlich zusammengestellt werden.

Zeichnet Trapeze.
Schneidet sie aus.
Legt verschiedene Möglichkeiten.
Klebt auf.

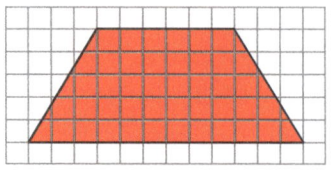

1 Diff.: Ergebnisse zeichnen. Auf einem Plakat präsentieren.
1 und **2** Kopiervorlage. **3** Zwei richtige Behauptungen.

| sicher | sehr wahrscheinlich | weniger wahrscheinlich | unmöglich |

| immer | häufig | selten | nie |

1 An einer Losbude stehen Eimer mit jeweils **60 Losen** zur Auswahl.

A: 50 Gewinne B: 60 Gewinne C: 5 Gewinne D: 0 Gewinne

 Bei welchen Eimern ist ein Gewinn sicher, sehr wahrscheinlich, weniger wahrscheinlich oder unmöglich?

2 Im Eimer sind **100 Lose**. Ina kauft **ein** Los.
Entscheidet jeweils und begründet.

A Sie zieht den Hauptgewinn.
B Sie zieht einen Kleingewinn.
C Sie zieht eine Niete.

1 Hauptgewinn
9 Kleingewinne
90 Nieten

3 Beschriftet Loseimer passend.

a) „Ich ziehe nie einen Kleingewinn."
b) „Ich ziehe sicher einen Hauptgewinn."
c) „Es ist unmöglich, dass ich einen Hauptgewinn ziehe."
d) „Ich ziehe immer eine Niete."
e) „Ich ziehe spätestens beim 3. Mal einen Hauptgewinn."
f) „Es ist möglich, dass ich einen Kleingewinn ziehe."

____ Hauptgewinne
____ Kleingewinne
____ Nieten

4 Am Ende der Kirmes sind noch 13 Lose übrig.
Lia zieht acht Lose, Tom zieht fünf Lose.
Beide behaupten: „Ich habe sicher etwas gewonnen."
Was meint ihr? Begründet.

6 Gewinne

W

5 Wandle um in Meter.

a)	b)	c)	d)	e)
1 km	2 km 400 m	1,300 km	10 km 600 m	$\frac{1}{2}$ km
3 km	2 km 40 m	1,030 km	11 km 800 m	$1\frac{1}{2}$ km
5 km	2 km 4 m	1,003 km	13 km 100 m	$3\frac{1}{2}$ km
10 km	6 km 3 m	2,5 km	20 km 100 m	$9\frac{1}{2}$ km
11 km	6 km 30 m	4,1 km	30 km 50 m	$10\frac{1}{2}$ km
20 km	6 km 300 m	8,3 km	50 km 10 m	$12\frac{1}{2}$ km

1 Begriffe klären, voneinander abgrenzen.
3 Kopiervorlage.

1 Frau Brink aus Hannover fährt jeden Tag mit dem Auto zur Arbeit nach Wolfsburg. Im letzten Monat hat sie an 23 Tagen gearbeitet.
Wie viel Kilometer ist sie insgesamt gefahren?

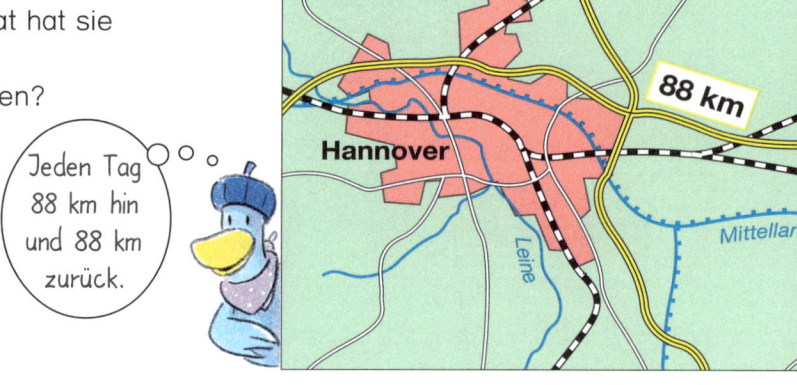

176 · 20
3 520

176 · 3
528

H	Z	E	·		
1	7	6	·	2	3
			T	H	Z	E
		3	5	2	0
			5	2	8
					8

Jeden Tag 88 km hin und 88 km zurück.

2

a) 183 · 26
366 · 13

b) 366 · 26
183 · 52

c) 298 · 42
149 · 84

d) 642 · 48
321 · 96

e) 198 · 72
396 · 36

4758 9516 12516 14256 20916 30816 Jede Zahl kommt zweimal vor.   Findest du eine Erklärung?

3

a) 245 · 28
490 · 14

b) 478 · 39
239 · 78

c) 874 · 36
437 · 72

d) 716 · 43
358 · 86

e) 374 · 82
748 · 41

6860 18642 30492 30668 30788 31464 Jede Zahl zweimal.

4 Drei Aufgaben sind falsch gelöst. Überprüfe. Erkläre die Fehler.

a)
5	1	2	·	1	9
	5	1	2	0	
	4	6	0	8	
	9	7	2	8	

b)
2	7	9	4	·	4	2
1	0	8	7	6	0	
	5	5	8	8		
1	1	4	3	4	8	

c)
3	0	9	·	6	4
1	8	5	4	0	
	1	2	3	6	
1	9	8	7	6	

d)
8	5	3	·	2	7
1	7	0	6	0	
	5	9	7	1	
2	3	0	3	1	

e)
3	8	5	9	·	8	3
	3	0	8	7	2	
1	1	5	7	7	0	
1	4	6	6	4	2	

5

Gießen
96 km
Mainz
149 km
Saarbrücken

a) Fernfahrer Nowak fährt von Saarbrücken über Mainz nach Gießen und zurück.
Im letzten Jahr fuhr er diese Strecke 76-mal.

b) In diesem Jahr sind 12 Fahrten mehr geplant.

c) Bei der Hälfte der diesjährigen Fahrten wird Herr Nowak wohl einen Umweg von 19 km einplanen müssen.

W

6 Runde auf Zehntausender.

a) 76 400
b) 74 900
c) 173 200
d) 256 000
e) 38 425
f) 307 516
g) 9 418
h) 13 079
i) 205 228
j) 16 400

7 Frage. Rechne. Antworte.

a) Die Klasse 4b hatte noch 78,25 € in der Klassenkasse.
Im November wurden 7,60 € ausgegeben und 12,50 € eingenommen.

b) Im Oktober hatte die Klasse 4a nur noch 9,25 € in ihrer Kasse.
Im November erbrachte das Klassenfest 52,50 € und Eltern spendeten 38,40 €.

2 und 3 Entdecken, wie es sich auf das Ergebnis auswirkt, wenn ein Faktor verdoppelt ist, der andere halbiert.

1 Herr Burgmann aus Wolfsburg fährt täglich mit dem Zug nach Hannover. Im vergangenen Jahr hat er an 218 Tagen gearbeitet. Wie viel Kilometer ist er insgesamt gefahren?

Probe: Tauschaufgabe

1	5	8	·	2	1	8
	3	1	6	0	0	
		1	5	8	0	
		1	2	6	4	

2	1	8	·	1	5	8
	2	1	8	0	0	
	1	0	9	0	0	
		1	7	4	4	

2
a) Frau Zumrüt fährt jeden Tag insgesamt 109 km. Sie arbeitete im letzten Jahr an 223 Tagen.
b) Busfahrerin Scholz fuhr an 167 Tagen jeweils 253 km.
c) Frau Wulf fuhr mit ihrem Lkw an 117 Tagen jeweils 548 km.

3
a) 643 · 192
   1697 · 582
    542 · 123

b) 603 · 389
    369 · 271
   9530 · 57

c)   814 · 546
   10623 · 43
    1617 · 481

d) 3394 · 291
    429 · 518
   2849 · 351

e) 111 · 111
   111 · 222
   333 · 111

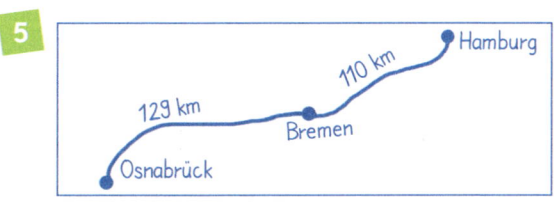 Auffällige Ergebnisse.

4 Welche Aufgaben sind falsch gelöst? Rechne die Probe. Erkläre die Fehler.

a)
3	2	4	·	5	9	8
1	6	2	0	0	0	
	2	9	1	6	0	
		2	5	9	2	
1	9	3	7	5	2	

b)
6	3	5	·	8	0	2
	5	0	8	0	0	
		1	2	7	0	
	5	2	0	7	0	

c)
7	7	7	·	7	7	0
	5	4	3	9	0	0
		5	4	3	9	0
	5	9	8	2	9	0

d)
8	7	6	·	1	2	3
	8	7	6	0	0	
	1	6	5	2	0	
		2	4	1	8	
1	0	6	5	3	8	

5

a) Herr Lovric fährt immer von Hamburg über Bremen nach Osnabrück und zurück. Im letzten Jahr fuhr er 138-mal.
b) In diesem Jahr fährt er nur halb so oft.

W

6 Runde auf Hunderttausender.
a) 192000
b) 142000
c) 407300
d) 462100
e) 87200
f) 265100
g) 245400
h) 349900
i) 761245
j) 53416

7

Die Klasse 4a hat noch 25,98 €. Sie braucht wieder einen Kasten Mineralwasser und einen Kasten Apfelsaft. Wie viel Geld bleibt in der Klassenkasse?

Quittung
1 Kasten Mineralwasser 4,35 €
1 Kasten Apfelsaft 7,42 €

1

Herr Schmitz spielte im letzten Jahr
regelmäßig Lotto.
Das kostete jede Woche 7,50 €.
Insgesamt gewann er 356 €.

Hat sich
das gelohnt?

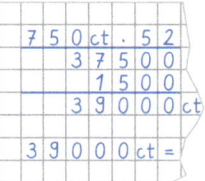

```
7 5 0 ct · 5 2
    3 7 5 0 0
      1 5 0 0
    3 9 0 0 0 ct

3 9 0 0 0 ct =
```

```
7 , 5 0 € · 5 2
    3 7 5 0 0
      1 5 0 0
    3 9 0 , 0 0 €
```

2

a) 9,78 € · 2
    9,78 € · 4
    9,78 € · 8

b) 6,08 € · 4
    12,16 € · 8
    24,32 € · 16

c) 39,59 € · 64
    39,59 € · 32
    39,59 € · 16

d) 39,59 € · 8
    39,59 € · 4
    39,59 € · 2

e) 87,65 € · 3
    87,65 € · 9
    87,65 € · 27

f) 87,65 € · 81
    87,65 € · 243
    87,65 € · 729

19,56 €	24,32 €	39,12 €
78,24 €	79,18 €	97,28 €
158,36 €	262,95 €	316,72 €
389,12 €	633,44 €	788,85 €
1 266,88 €	2 366,55 €	2 533,76 €
7 099,65 €	21 298,95 €	45 033,50 €
63 896,85 €	○	○

g) Sucht euch jeweils ein Päckchen aus. Beschreibt es euch gegenseitig.

3

a) 8,47 € · 74
    64,35 € · 12
    81,96 € · 21
    15,70 € · 66
    42,63 € · 33

b) 27,32 € · 54
    59,07 € · 28
    121,32 € · 42
    85,80 € · 46
    72,46 € · 35

c) 29,48 € · 77
    99,99 € · 56
    16,77 € · 37
    25,55 € · 44
    38,51 € · 59

620,49 €	626,78 €	772,20 €
1 036,20 €	1 124,20 €	1 406,79 €
1 475,28 €	1 653,96 €	1 721,16 €
2 269,96 €	2 272,09 €	2 536,10 €
3 946,80 €	5 095,44 €	5 599,44 €
6 499,35 €	○	○

4 Wie teuer könnte das Telefonieren wohl im ganzen Jahr werden?
a) Lena hat ein neues Handy.
   Im ersten Monat telefonierte sie für 9,90 €.
b) Stell dir vor, sie hätte für 4 € mehr telefoniert.

c) Du hast im letzten Monat für _____ € telefoniert.

5 a) 4,25 · 36 : 9
e) 147,00 · 9 : 3

b) 15,68 · 12 : 4
f) 256,50 · 48 : 8

c) 76,86 · 42 : 6
g) 345,09 · 24 : 6

d) 63,63 · 35 : 5
h) 2 955,75 · 21 : 7

17   47,04   50,28   441   445,41   538,02   1 380,36   1 539   8 867,25

6  **Kann das stimmen?**

a) „Opa tippt jede Woche für 4,50 €.
   Das kostet 100 € im Jahr."

b) „Frau Weber gibt jede Woche
   9 € für das Lottospielen aus.
   Das kostet sie ungefähr
   500 € im Jahr."

c) „Paul bekommt 2 €
   Taschengeld pro Woche.
   Er hat davon in einem
   Jahr 200 € gespart."

1 Gewinnwahrscheinlichkeit diskutieren.
2 Entdecken, wie sich ein Halbieren, Verdoppeln, Verdreifachen von Faktoren auf das Ergebnis auswirkt.
4 c) Geöffnete Sachaufgabe: Monatliche Kosten erkunden und mit ihnen rechnen. **5** Rechenvorteil nutzen.

1

Moritz kauft sich jede Woche
die Fußball-Zeitschrift für je 1,85 €.

Wie viel muss Moritz in einem Jahr bezahlen?

Rechne aus. Prüfe mit einem Überschlag,
ob du richtig gerechnet haben könntest.

```
1,8 5 € . 5 2
      9 2 5 0
        7 0
```

```
Ü:   5 0 . 2 € =
```

2  284 · 52 = 14 768 **?**

Ich runde
beide Zahlen auf.
↑ 300 · 60 ↑

Ich runde nur ab.
↓ 200 · 50 ↓

Ich runde
auf und ab.
↑ 300 · 50 ↓

 Ein Überschlag ist besonders genau.
Wie kommt das?

3 Welches Ergebnis könnte stimmen? Prüfe mit einem Überschlag.

a) 476 · 63

| 24 388 | 42 588 |

29 988

```
a) Ü:   5 0 0 . 6 0 = 3 0 0 0 0

Das Ergebnis 2 9 9 8 8
könnte stimmen.
```

b) 87 · 32

| 2 784 | 2 494 |

1 684

c) 62 · 78

| 3 536 | 4 836 |

5 246

d) 314 · 48

| 15 216 | 12 416 |

17 016

e) 117 · 89

| 1 413 | 80 603 |

10 413

f) 876 · 64

| 68 474 | 56 064 |

48 364

g) 935 · 788

| 736 780 | 615 780 |

956 800

4 Multipliziere. Prüfe mit einem Überschlag.

a) 43 · 56
94 · 78
28 · 81
13 · 99
79 · 62

```
a)  4 3 . 5 6
      2 1 5 0
        2 5 8
    2 4 0 8
Ü:  4 0 . 6 0 = 2 4 0 0
Das Ergebnis 2 4 0 8 kann stimmen.
```

b) 64 · 36
43 · 28
57 · 64
28 · 31
92 · 47

c) 126 · 32
234 · 26
517 · 43
422 · 19
343 · 37

d) 509 · 499
699 · 509
853 · 753
488 · 844
796 · 952

5 Rechne zu jedem Überschlag nur die passende Aufgabe.

a) 600 · 30

501 · 38
595 · 32

b) 400 · 50

388 · 46
345 · 42

c) 900 · 200

827 · 198
927 · 207

d) 800 · 70

777 · 66
888 · 77

e) 500 · 100

524 · 108
424 · 91

2 Die Vorteile eines gegenläufigen, ausgleichenden Rundens bei der Multiplikation entdecken.
Diff.: Untersuchen, ob für die Division der gleiche Vorteil gilt.

1 Stehen im Telefonbuch eine Million Telefonnummern?

Besprecht Ideen, wie ihr eine Lösung finden könnt.
Schreibt euren Lösungsweg auf ein Plakat.
Erklärt. Vergleicht.

2 Erkunde im Telefonbuch.
a) Wie oft kommt dein Familienname vor?
b) Wie viele Seiten gibt es für deinen Wohnort?
c) Wie viele Telefonnummern hat dein Wohnort **ungefähr**?

 3

	Müller	Schäfer	Schmidt
Köln	37 Spalten	13 Spalten	29 Spalten
Frankfurt	28 Spalten	10 Spalten	31 Spalten

Wie viele Telefonkunden heißen
Müller, Schäfer, Schmidt?
Überschlage.

 4 Finde die fehlenden Ziffern.

a)
```
312 · 41
 12_80
   312
 12792
```

b)
```
506 · 32
 15_80
 _012
 16192
```

c)
```
924 · 63
 55_40
  2_72
 58212
```

d)
```
7_8 · 45
 28320
 _540
 31860
```

e)
```
8_2 · 32
  4960
  1664
 26624
```

f)
```
263 · 54
 13150
 1_52
 1_202
```

g)
```
1453 · 79
 101710
  13_77
 11478_
```

h)
```
204 · 91
 183_0
  20_
 18564
```

i)
```
4285 · _9
   2850
  3856_
  8_4_5
```

j)
```
766 · 4_
 30_40
  _06_
 337_4
```

k)
```
263 · _54
 26300
 1_150
 1_52
 40502
```

l)
```
_73 · 279
 194600
 681_0
  _757
 27146_
```

m)
```
6_4 · 3_8
 181200
 120_0
  4832
 1_8112
```

n)
```
___ · 123
 32100
  6420
 ___
 39483
```

o)
```
555 · ___
 166500
  16650
  ___
 184815
```

1 und **2** Fehlende Angaben dem Telefonbuch entnehmen.
Überschlägig abschätzen.

	Übernachtung mit Frühstück	Halbpension	Vollpension	Vollpension ab 4 Übernachtungen	Lunchpaket
Erwachsene ab 27 Jahren	25,00 €	28,50 €	31,00 €	29,50 €	6,90 €
Gäste 6 – 26 Jahre	21,00 €	24,50 €	27,00 €	25,50 €	6,30 €
Kinder 3 – 5 Jahre	14,50 €	17,50 €	19,00 €	18,50 €	3,50 €

2 Deine Familie plant fünf Übernachtungen (Halbpension) in der Jugendherberge. Berechne die Kosten.

Informiere dich im Internet unter www.jugendherberge.de.

3 a) Berechne die Übernachtungskosten (Vollpension) in der Jugendherberge für deine Klasse. Ihr übernachtet dreimal. Es fahren zwei Erwachsene ab 27 Jahren mit.
b) Wie viel müsstet ihr mehr bezahlen, wenn ihr einen Tag länger bleiben würdet?

4 Familie Becker fährt für vier Übernachtungen mit zwei Erwachsenen (38 und 35 Jahre alt) und drei Kindern (4, 8 und 10 Jahre alt) in die Jugendherberge. Sie bucht Halbpension.

a) Berechne die Gesamtkosten. Berücksichtige, dass die Familie für jeden Tag Lunchpakete nimmt.
b) Wie teuer wäre es, wenn Familie Becker Vollpension anstatt Halbpension und Lunchpakete nehmen würde? Vergleiche.

5 Denke dir zu jeder Rechnung einen Aufgabentext aus. Schreibe ihn auf und gib ihn zum Rechnen weiter.

a) $2 \cdot 28,50 € + 4 \cdot 24,50 € =$

b) $25 \cdot 21,00 € + 3 \cdot 25,00 € =$

c) $2 \cdot 29,50 € + 25,50 € = 84,50 €$
$84,50 € \cdot 4 =$

W

6

a)
$12\,000 + 10\,000$
$24\,000 + 8\,000$
$36\,000 + 6\,000$
$\_\_\_ + \_\_\_$
$\_\_\_ + \_\_\_$

b)
$15\,000 + 3\,000$
$20\,000 + 5\,000$
$25\,000 + 7\,000$
$\_\_\_ + \_\_\_$
$\_\_\_ + \_\_\_$

c)
$10\,000 - 2\,500$
$12\,000 - 5\,000$
$14\,000 - 7\,500$
$\_\_\_ - \_\_\_$
$\_\_\_ - \_\_\_$

d)
$25\,000 - 4\,500$
$20\,000 - 4\,000$
$15\,000 - 3\,500$
$\_\_\_ - \_\_\_$
$\_\_\_ - \_\_\_$

1 Evtl. Klassenfahrt planen und Kosten überprüfen.

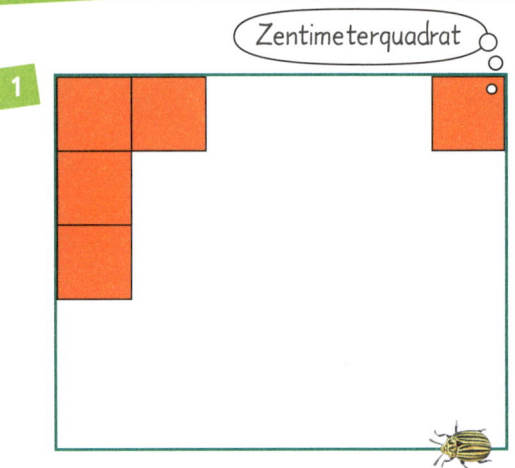

1

Zentimeterquadrat

> Den **Flächeninhalt** kann man mit Zentimeterquadraten messen.

> Den **Umfang** kann man in cm messen.

a) Wie viele Zentimeterquadrate passen in das Rechteck? Zeichne und rechne.

b) Der Käfer umläuft das gesamte Rechteck. Wie viel Zentimeter legt er zurück?

2 a) Zeichne die Figuren. Fülle sie mit **Zentimeterquadraten**.
Wie groß sind jeweils Flächeninhalt und Umfang? Vergleiche. Was fällt dir auf?

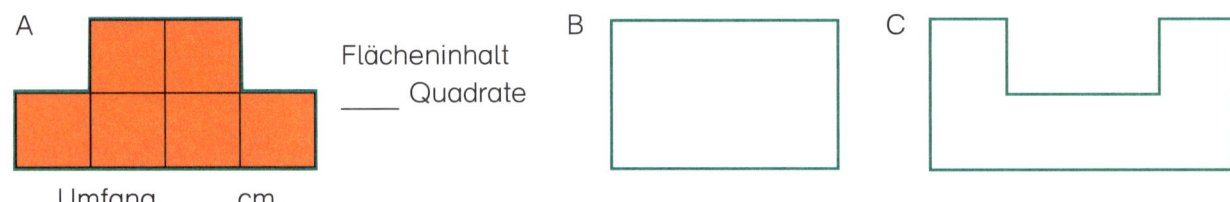

A

Flächeninhalt
____ Quadrate

Umfang ____ cm

B   C

b) Findest du noch weitere Figuren mit demselben Flächeninhalt?

3 A   B   C

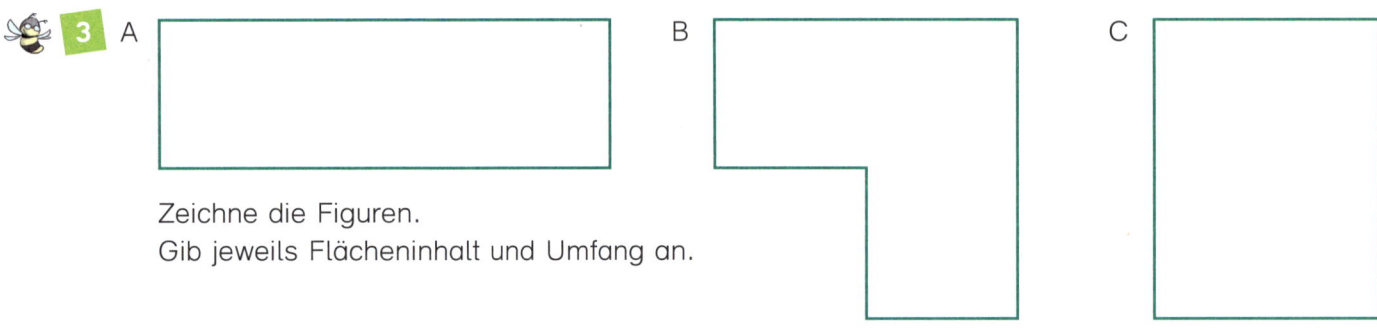

Zeichne die Figuren.
Gib jeweils Flächeninhalt und Umfang an.

4  zum Knobeln

Welche Figur aus 36 Zentimeterquadraten hat den kleinsten Umfang?

5

Die Kinder zeigen ein **Meterquadrat**.

a) Zeichnet ein Meterquadrat auf dem Schulhof.

b) Wie viele Kinder können wohl zusammen auf einem Meterquadrat stehen? Schätzt und probiert.

c) Wie viele Meterquadrate passen wohl in euren Klassenraum? Überschlagt.

6  Stellt euch vor, euer Klassenraum wäre ganz leer.
Wie viele Kinder könnten in dem Raum stehen?

6 Fermi-Frage. Lösungswege vergleichen.

7 Die Klassenräume sollen neue **Fußleisten** erhalten.

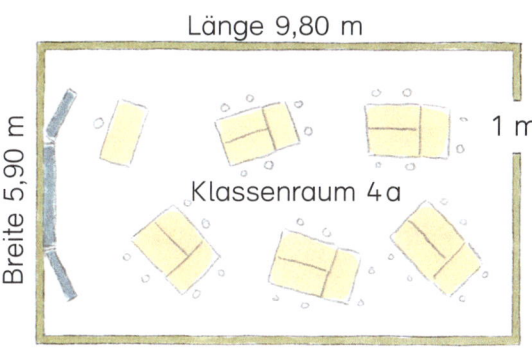

Länge 9,80 m

Breite 5,90 m

1 m

Klassenraum 4a

a) Berechnet den Leistenbedarf für den Raum der Klasse 4a. Überlegt, ob eine Überschlagsrechnung ausreicht. Begründet.

b) Der Klassenraum der 4b ist 80 cm kürzer und 1,10 m breiter als der Raum der 4a.

c) Der Raum der Klasse 4c ist 1,80 m kürzer und 2,10 m breiter als der Raum der 4a.

d) Welche Klasse hat den größten Raum? Begründet.

8  Messt euren Klassenraum aus. Wie groß ist der Umfang? Wie viel Meter Fußleiste würden gebraucht?

9  Die Kinder der Klasse 4d haben ausgerechnet, dass ihr Klassenraum 33 m Fußleiste braucht. Im OKA-Baumarkt gibt es 2,50 m lange Fußleisten, im Kühne-Baumarkt Fußleisten mit 4 m Länge. Welche würdet ihr kaufen? Schreibt euren Lösungsweg auf. Begründet.

10 Die Backbleche der Schulküche sind innen 32 cm breit und 40 cm lang. Wie viele **Kuchenstücke** bekommen die Kinder jeweils von einem Blech? Eine Skizze kann helfen.

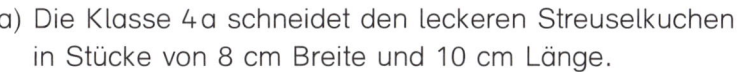

a) Die Klasse 4a schneidet den leckeren Streuselkuchen in Stücke von 8 cm Breite und 10 cm Länge.

b) Die Klasse 4b schneidet die Stücke nur halb so lang. Erklärt, wie ihr hier rechnet.

c) Die Klasse 4c schneidet 8 cm breite quadratische Stücke.

11  Stell dir vor, ein anderes Backblech wäre 48 cm breit und 60 cm lang. Die Pizza soll in quadratische Stücke geteilt werden. Finde verschiedene Möglichkeiten. Zeichne Skizzen.

12  Maja, Lilli und Nele heißen mit Nachnamen Braun, Weiß und Schwarz. Sie reiten auf einem weißen, schwarzen und braunen Pferd. Maja reitet das schwarze Pferd. Sie meint: „Keine von uns reitet ein Pferd, dessen Farbe ihrem Familiennamen entspricht." „Du hast Recht", sagt Lilli Braun.

Zeichne und ergänze die Tabelle.

	Maja	Lilli	Nele
Nachname			
Farbe des Pferdes			

13 Setze die Zahlenfolgen fort. Schreibe jeweils die Regel auf.

a) 0, 8000, 16000, ..., 48000

b) 15000, 30000, 45000, ..., 105000

c) 25000, 50000, 75000, ..., 175000

d) 12000, 24000, 36000, ..., 84000

e) 10000, 8500, 7000, ..., 1000

f) 10000, 8900, 7800, ..., 3400

g) 20000, 17500, 15000, ..., 5000

h) 100000, 88000, 76000, ..., 28000

7 Verschnitt berücksichtigen (aufrunden). **7** b), c) und **10** Evtl. Skizzen zeichnen.
7 d) Überschlagen. **9** Diff.: Auch die Leistenreste berechnen. **12** Logical.

1 a) Zarina hat aus einem Quadrat
diese Schablone hergestellt. Erkläre.

  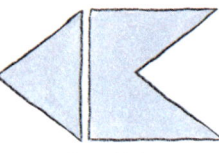

① zeichnen ② schneiden ③ ankleben

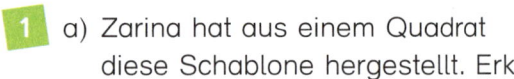

b) Stellt selbst eine Schablone her.
Zeichnet damit ein **Parkettmuster**.

2 Paul hat diese Schablone hergestellt.
Wie ist er vorgegangen?

 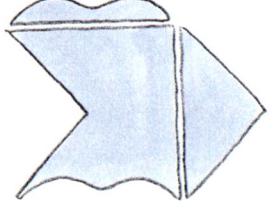

3 Auch aus anderen Vierecken lassen
sich Schablonen herstellen. Beschreibe.

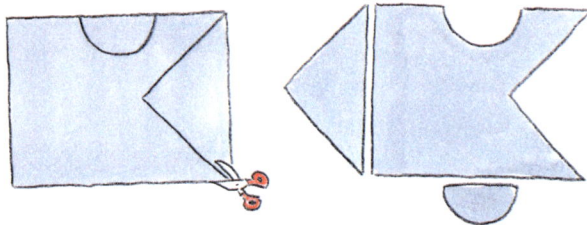

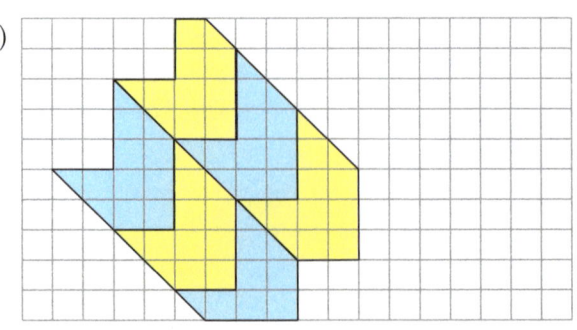

4 Erfinde eigene Schablonen. Zeichne damit ein Parkettmuster.

5 Zeichne diese Parkettmuster auf Karopapier. Setze fort.

a)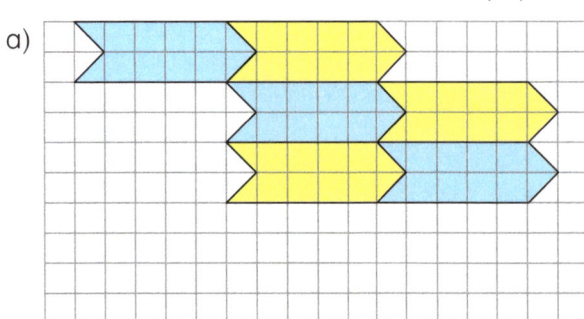

b)

6 Erfinde eigene Muster.

„Das Alphabet A. B. C." von Victor Vasarely.

1 Welche Formen entdeckt ihr?
Stellt euch gegenseitig Suchaufgaben.

Ich sehe ein grünes Parallelogramm.

2 Überprüft die Aussagen.
Felix sagt: „Es gibt vier Vierecke ohne rechte Winkel."
Jule sagt: „Ich sehe zwölf Kreise."
Ole sagt: „Jedes Dreieck sieht anders aus."
Lotta sagt: „Alle Formen unterscheiden sich."

Victor Vasarely

wurde 1908 in Ungarn geboren und starb 1997 in Paris. Der Künstler hat mit geometrischen Formen experimentiert.

3 Die Kinder haben wie Vasarely gemalt.
Welche Formen erkennt ihr wieder? Welche sind neu?

Anne-Cathrin   Alois   Paul

4 Gestaltet ein eigenes Bild wie Vasarely.

2 Thematisieren, wann etwas gleich, ähnlich oder verschieden ist.
4 Fächerübergreifend die Bilder gestalten.

1 Vergleiche.

Diese Klasse wiegt etwa **1 000 kg.**

Dieser Pkw wiegt etwa **1 000 kg.**

2 a) Wie schwer seid ihr zusammen in eurer Klasse?
b) Wie viele Kinder wiegen zusammen eine Tonne?

> **1 000 Kilogramm = 1 Tonne**
> 1 000 kg = 1 t

3

Elefant ....5 000 kg	
Blauwal.........120 000 kg	
Rothirsch ....270 kg	
Flusspferd .....2 t 500 kg	
Kaltblutpferd..............1 t	
Nashorn....................2 t	

Ordne die Säugetiere nach dem Gewicht. Die Buchstaben ergeben ein Lösungswort.

E	Blauwal,					

4 Kennst du noch andere „Schwergewichte"? Erkunde und notiere mindestens fünf Tiere oder Gegenstände, die mehr als 1 t wiegen.

Dampflok	8 0 t,	

5 Wandle diese Gewichte um in Kilogramm.

a) 4 t 500 kg
   4 t 50 kg
   4 t 5 kg

b) 7 t 800 kg

a)	4	t	5	0	0	kg	=	4	5	0	0	kg

c) 1 t
  10 t
 100 t

d) $\frac{1}{2}$ t
  $1\frac{1}{2}$ t
 $10\frac{1}{2}$ t

e) 11 t 500 kg
  12 t 30 kg
  15 t 2 kg

🐝 f) 15 t
   32 t
   23 t

6 Runde auf volle Tonnen.

a) 3 t 826 kg
  5 t 399 kg
  7 t 405 kg

a)	3	t	8	2	6	kg	≈	4	t

b) 17 t 502 kg
  23 t 489 kg
  9 t 65 kg

c) 638 kg
  122 kg
  907 kg

d) $1\frac{1}{2}$ t
  $\frac{1}{2}$ t
  $3\frac{1}{2}$ t

🐝 e) 5 555 kg
   5 455 kg
   5 500 kg

7

Blauwal

Gewicht: 120 t
Länge: 30 m

Ein Blauwaljunges wiegt bei der Geburt ungefähr 3 t. Blauwaljunge werden unter Wasser von der Mutter gesäugt. Nach 7 Monaten wiegen sie etwa 15 t mehr, nach einem Jahr neunmal so viel wie bei der Geburt.

a) Wie viele Blauwaljunge sind bei der Geburt zusammen so schwer wie ein Muttertier?

b) Wie schwer ist ein Blauwaljunges nach 7 Monaten?

c) Wie schwer ist ein Blauwaljunges nach einem Jahr?

1 Kleinwagen als Bezugsgröße für 1 t einprägen. **5** Umrechnungsfaktor 1000 (wie bei g und kg).

1

Was bedeutet dieses Schild?

3,5 t

$3\frac{1}{2}$ t

Das Komma trennt t und kg.
3 500 kg = 3 t 500 kg = 3,500 t

Sprich:
drei Komma fünf null null Tonnen
oder
drei Tonnen fünfhundert Kilogramm

2 Mehrere Schreibweisen für dasselbe Gewicht.

a)	b)	c)	d)	e)	f)
4 300 kg	10 200 kg	0,300 t	2,700 t	$\frac{1}{2}$ t	5 t
430 kg	1 020 kg	0,030 t	2,070 t	$1\frac{1}{2}$ t	15 t
43 kg	102 kg	0,003 t	2,7 t	$3\frac{1}{2}$ t	125 t
4 kg			8,001 t	$12\frac{1}{2}$ t	34 t
414 kg			8,100 t	$20\frac{1}{2}$ t	3 t

a) 4 3 0 0 kg = 4 t 3 0 0 kg = 4,3 t

3

Darf der Lkw über diese Brücke fahren?

Ladung	3 519 kg
Leergewicht	3 480 kg
Gesamtgewicht	

4 a) Erlaubtes Gesamtgewicht **7 t**. Welche Lkws dürfen weiterfahren?

	Lkw 1	Lkw 2	Lkw 3	Lkw 4	Lkw 5	Lkw 6	Lkw 7
Ladung	2 450 kg	3 690 kg	1,250 t	4 900 kg	4,2 t	2,635 t	3 500 kg
Leergewicht	2 700 kg	3 800 kg	1 080 kg	7,500 t	5,1 t	4,5 t	$3\frac{1}{2}$ t
Gesamtgewicht							

b) Vier Lkws sind zu schwer. Wie viel kg müssen jeweils wieder abgeladen werden?

5 Die Lkws der Firma Böhm dürfen **5 t** laden. Sie sind schon teilweise beladen.
Ergänze zu fünf Tonnen.

a)	b)	c)	d)	e)	f)
2 700 kg	750 kg	4,510 t	$4\frac{1}{2}$ t	$3\frac{1}{2}$ t	1 000 kg
1 400 kg	450 kg	2,051 t	$1\frac{1}{2}$ t	3,5 t	4 991 kg
200 kg			$\frac{1}{2}$ t	2,6 t	888 kg
600 kg			$2\frac{1}{2}$ t	4,8 t	2 796 kg

a) 2 7 0 0 kg + 2 3 0 0 kg = 5 t

6 Vergleiche. <, > oder =.

a) 20 t ◯ 2 000 kg
2,0 t ◯ 2 000 kg
2,002 t ◯ 2 000 kg

b) 8,300 t ◯ 8,3 t
7,520 t ◯ 7,6 t
9,480 t ◯ 9,4 t

c) $2\frac{1}{2}$ t ◯ 2 480 kg
$1\frac{1}{2}$ t ◯ 1 500 kg
$5\frac{1}{2}$ t ◯ 5 495 kg

d) 886 kg ◯ 1 t
999 kg ◯ 1 t
1 000 kg ◯ 1 t

7 Ordne nach dem Gewicht.

a) $4\frac{1}{2}$ t   4,6 t   4,059 t   4 501 kg

b) 95 kg $\frac{1}{2}$ t   0,495 t   510 kg   9,5 t   505 kg

1 und **3** Das Schild bedeutet: Verbot für Fahrzeuge, die einschließlich Ladung das Gewicht überschreiten.

1

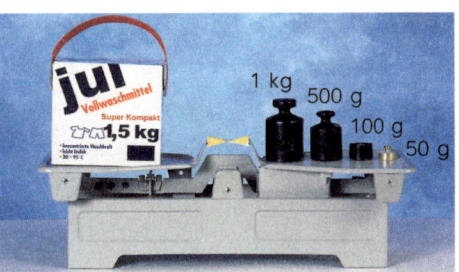 

Welche Packung würdest du kaufen? Begründe.

1,650 KG

> Das Komma trennt kg und g.
> **1 650 g = 1 kg 650 g = 1,650 kg**

> Sprich:
> eins Komma sechs fünf null Kilogramm
> oder
> ein Kilogramm sechshundertfünfzig Gramm

2 a) Wie schwer ist jeweils die Verpackung?

A   B   C

610 g 538 g 595 g 549 g 1105 g 1025 g

b) Wie viel Gramm Müll könnte mit Nachfüllpackungen jeweils eingespart werden?

c)  Max behauptet: „Unsere Klasse kann mehr als 30 kg Müll im Jahr sparen, wenn alle Kinder immer Brotdosen benutzen."

3 Verschiedene Schreibweisen für das gleiche Gewicht.

a)	b)	c)	d)	e)
5,3 kg	7 600 g	405 g	8 kg 350 g	130 kg 780 g
5,030 kg	760 g	4 005 g	18 kg 70 g	72 kg 58 g
5,003 kg	76 g	40 005 g	100 kg 8 g	9 kg 6 g
5,330 kg			100 kg 50 g	2 kg 4 g
5,333 kg	5,3 kg = 5,300 kg = 5 kg 300 g = 5 300 g		50 kg 500 g	20 kg 40 g
5,300 kg			5 kg 5 g	200 kg 400 g

4

250 g Verpackung

Stellt ein Päckchen zusammen.
Wer kommt am nächsten an das Höchstgewicht für Päckchen heran?

2 kg Höchstgewicht für Päckchen

je 205 g je 140 g 10 g 630 g je 110 g

5 Ordne nach dem Gewicht.

a) 2½ kg 2400 g 2,601 kg 2,6 kg

b) 5 550 g 5½ kg 5 001 g 5,549 kg 5,4 kg

1 und 2 Auch andere Packungen untersuchen. Vor- und Nachteile von Nachfüllpackungen besprechen.
4 Systematisch probieren. Diff.: Selbst Pakete packen.

All zu viel ist ungesund

Berlin (dpa) – Drei Viertel aller Schulkinder leiden an **Karies** (Zahnfäule). Süßigkeiten und süße Getränke sind dafür vor allem verantwortlich, ganz besonders Schleckereien wie Lutscher und Bonbons, die an den Zähnen haften bleiben. Zucker wird im Mund von Bakterien zu Säure umgewandelt, die dann die Zähne angreift.

Jedes Gramm Zucker „zu viel" kann im Körper in Fett umgewandelt werden und zu **Übergewicht** führen.

1 Kann das stimmen? — Ich esse doch gar keinen Zucker!

2 Wie viel Gramm Zucker sind jeweils in den Lebensmitteln versteckt?

1 Würfel-zucker 3 g

3

Mein süßer Verbrauch in der vorigen Woche:

20 Gummibärchen
100 g Nuss–Nugat–Creme
150 ml Ketchup
2 Tafeln Schokolade
3 Liter Limo ...
... und andere Speisen mit ungefähr noch 210 g Zucker

Julian

a) Wie viel Zucker hat Julian ungefähr in einer Woche zu sich genommen?

b) Wie viel Zucker wäre das in einem Jahr?

c) Viele Lebensmittel enthalten Zucker. Führe eine Woche lang dein „Zucker-Tagebuch".

4 Täglicher Zuckerverbrauch pro Person

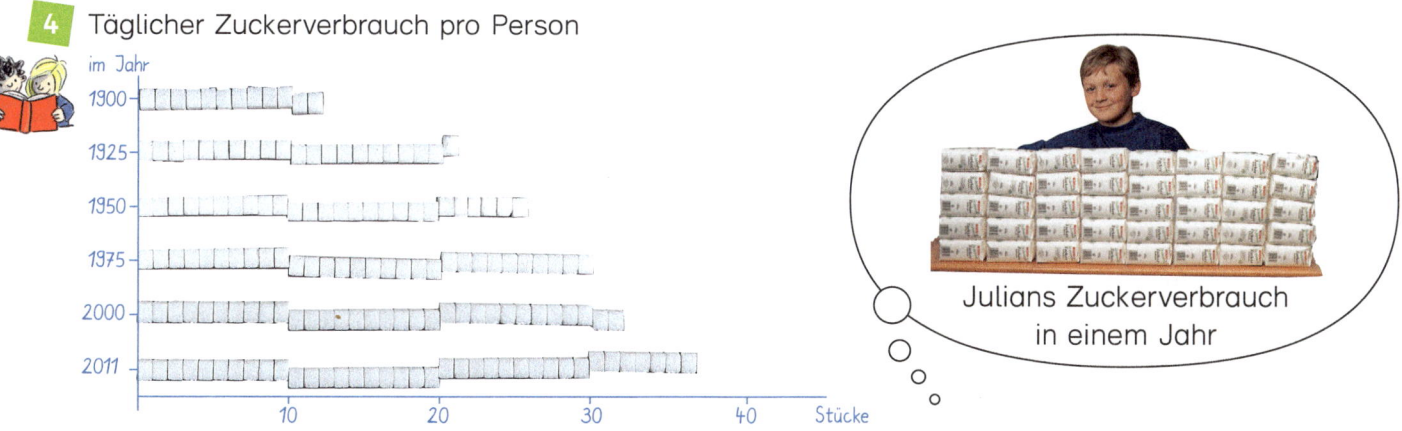

Julians Zuckerverbrauch in einem Jahr

a) Beschreibt, wie sich der Zuckerverbrauch seit 1900 verändert hat.

b) Wie viel Zucker verbrauchte eine Person ungefähr im Jahr 2011? Vergleicht mit Julians Zuckerverbrauch.

3 c) Eigene Daten (Verbrauch süßer Lebensmittel) sammeln, in einer Tablle darstellen.

Erdumfang am Äquator ... 40 000 km

1   Welche Frage passt jeweils zum Text? Rechne und antworte.

a) Die Strecke rund um die Erde ist am Äquator ungefähr 40 000 km lang. Davon verlaufen 32 000 km über das Meer.

> **A** Wie tief ist das Meer am Äquator?
>
> **B** Wie viel Kilometer ist der Äquator vom Nordpol entfernt?
>
> **C** Wie viel Kilometer verläuft der Äquator über Land?

b) Der Durchmesser des Mondes beträgt rund 3000 km. Der Erddurchmesser ist etwa viermal so groß.

Der Durchmesser: geht mitten durch die Kugel.

> **A** Wie groß ist der Durchmesser der Sonne?
>
> **B** Wie groß ist der Durchmesser der Erde?
>
> **C** Wie lang ist die Entfernung von der Erde zur Sonne?

2   a) Ein Düsenflugzeug benötigt für eine Strecke von 1000 km ungefähr eine Stunde. Wie lange würde ein Flug um die Erde ohne Pause dauern?

b) Wie oft hätte Herr Schulz im letzten Jahr mit seinem Lkw um die Erde fahren können? Er fuhr 120 000 km und verbrauchte 22 000 Liter Diesel.

c) Bettina würde gern einmal um die Erde reiten. Sie ist zehn Jahre alt. Bettina reitet am Tag etwa 4 km. Wie lange würde der Ritt um die Erde dauern?

d) Wie viel Kilometer müsste Bettina täglich reiten, wenn sie in nur 1000 Tagen um die Erde reiten wollte? Ihr Pferd ist erst drei Jahre alt.

> **Tipp 2:**
> **Wichtige Informationen**
>
> Schreibe die Angaben heraus, die du zum Ausrechnen brauchst.

W

3   Zeichne die Strecken. Gib die Länge immer in zwei Schreibweisen an.

a) 2 cm 4 mm
3 cm 7 mm
5 cm 2 mm
9 cm 5 mm

> a)   2 cm 4 mm
> 24 mm

b) 23 mm
35 mm
100 mm
105 mm

c) $\frac{1}{2}$ cm
$2\frac{1}{2}$ cm
$4\frac{1}{2}$ cm
$1\frac{1}{2}$ cm

d) 10 cm 5 mm
11 cm 8 mm
12 cm 0 mm
10 cm 9 mm

4   Wandle um in Millimeter.

a)	b)	c)	d)	e)
1 cm	3 cm	4 cm 5 mm	$\frac{1}{2}$ cm	2 cm
5 cm	13 cm	14 cm 5 mm	$3\frac{1}{2}$ cm	4 cm
9 cm	130 cm	24 cm 3 mm	$5\frac{1}{2}$ cm	8 cm
10 cm	210 cm	110 cm 1 mm	$1\frac{1}{2}$ cm	16 cm
100 cm	21 cm	11 cm 1 mm	$9\frac{1}{2}$ cm	32 cm
200 cm	2 cm	1 cm 1 mm	$7\frac{1}{2}$ cm	64 cm

2 d) Diff.: Weitere Variationen selbst finden.

Mondumfang
11 000 km

5 Welche Frage passt jeweils zum Text? Rechne und antworte.

a) Eine Mondrakete schaffte täglich 133 000 km. In drei Tagen hatte sie den Mond erreicht.

> **A** Wie groß ist der Durchmesser des Mondes?
>
> **B** Wie alt ist der Mann im Mond?
>
> **C** Wie weit ist der Mond von der Erde entfernt?

b) Der Mond umkreist sehr schnell die Erde. In einer Stunde legt er 4 000 km zurück.

> **A** Wie alt ist der Mond?
>
> **B** Wie viel Kilometer bewegt sich die Erde in der Stunde?
>
> **C** Wie viel Kilometer bewegt sich der Mond an einem Tag um die Erde?

6 Ein Fußgänger im Mondanzug könnte täglich 10 km gehen.

a) Wie lange würde er für einen Rundgang um den Mond brauchen?

🐝 b) Wie lange würde er brauchen, wenn er ab der Hälfte der Strecke täglich 11 km geht?

🐝 c) Wie viel Kilometer müsste er täglich ungefähr gehen, um nach zwei Jahren seinen Rundgang beendet zu haben?

d) Finde eigene Aufgaben.

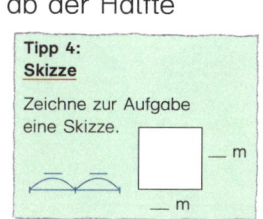

Tipp 4:
Skizze

Zeichne zur Aufgabe eine Skizze.

___ m

___ m

W

7 Wie viel Minuten sind es?

a)	b)	c)
1 h	$\frac{1}{2}$ h	1 h 20 min
2 h	$1\frac{1}{2}$ h	2 h 10 min
3 h	$2\frac{1}{2}$ h	1 h 50 min
7 h	$3\frac{1}{2}$ h	2 h 40 min

8 Wie viel Stunden und Minuten sind es?

a)	b)	c)
130 min	200 min	300 min
100 min	215 min	310 min
		630 min
		91 min

a) $\boxed{1\ 3\ 0}$ min = $\boxed{2}$ h $\boxed{1\ 0}$ min

9 Wie viele Tage sind es?

a)	b)
1 Woche	2 Wochen 1 Tag
3 Wochen	4 Wochen 2 Tage
5 Wochen	7 Wochen 1 Tag
10 Wochen	8 Wochen 4 Tage
11 Wochen	3 Wochen 3 Tage
13 Wochen	5 Wochen 2 Tage

10 Wie viele Wochen und Tage sind es?

a)	b)	c)
10 Tage	70 Tage	43 Tage
15 Tage	72 Tage	48 Tage
25 Tage	56 Tage	64 Tage
30 Tage	60 Tage	36 Tage
35 Tage	46 Tage	49 Tage
40 Tage	42 Tage	51 Tage

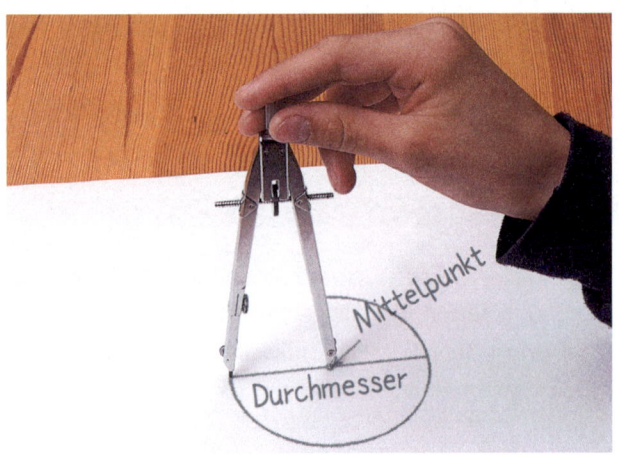

Zeichnet Kreise. Messt jeweils den Durchmesser.
Erklärt den Zusammenhang zwischen Radius und Durchmesser.

2 Zeichne Kreise mit diesem **Radius**.

a) 5 cm	b) 70 mm
6 cm	45 mm
3 cm	35 mm
2 cm	15 mm
7 cm	20 mm

3 Zeichne Kreise mit diesem **Durchmesser**.

a) 10 cm	b) 120 mm
5 cm	20 mm
7 cm	130 mm
11 cm	50 mm
13 cm	70 mm

4 Zeichne die Muster. Erfinde eigene.

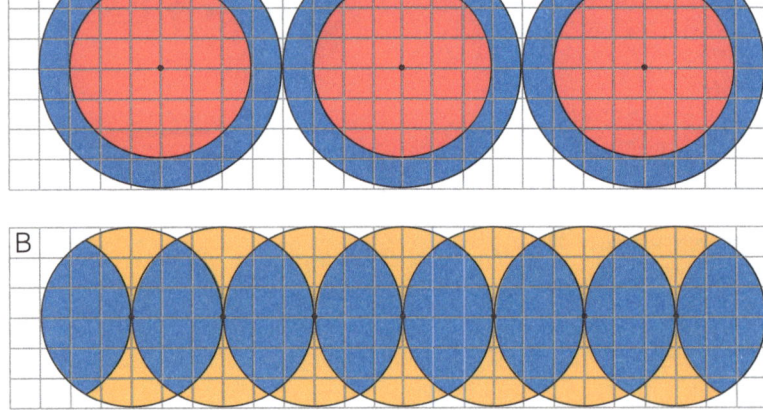

5 Zeichne die Kreise. Setze fort.
Vergleiche die Radien der Kreise.

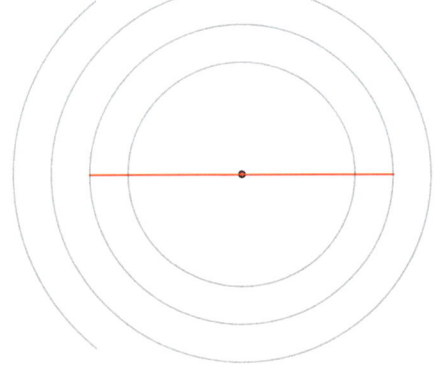

 6 Zeichne das Muster. Setze fort. Erfinde eigene.

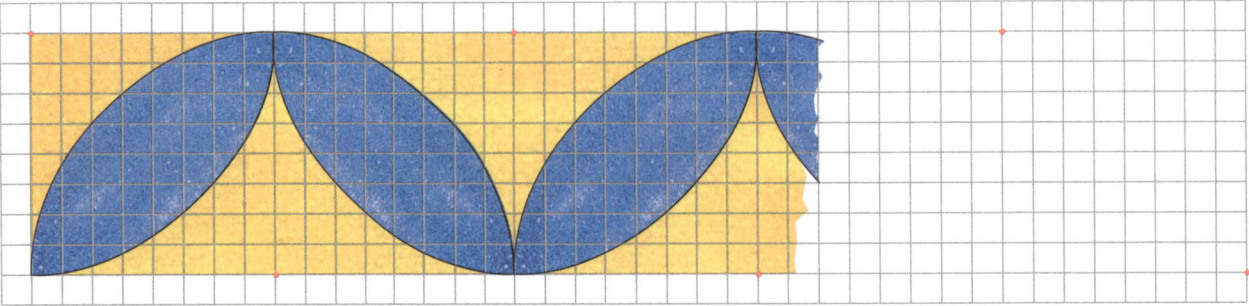

1 Auch mit anderen Hilfsmitteln große und kleine Kreise zeichnen.

1 Wie viele Symmetrieachsen hat jedes Muster? Prüfe mit dem Spiegel.
Zeichne die Muster. Was fällt dir auf?

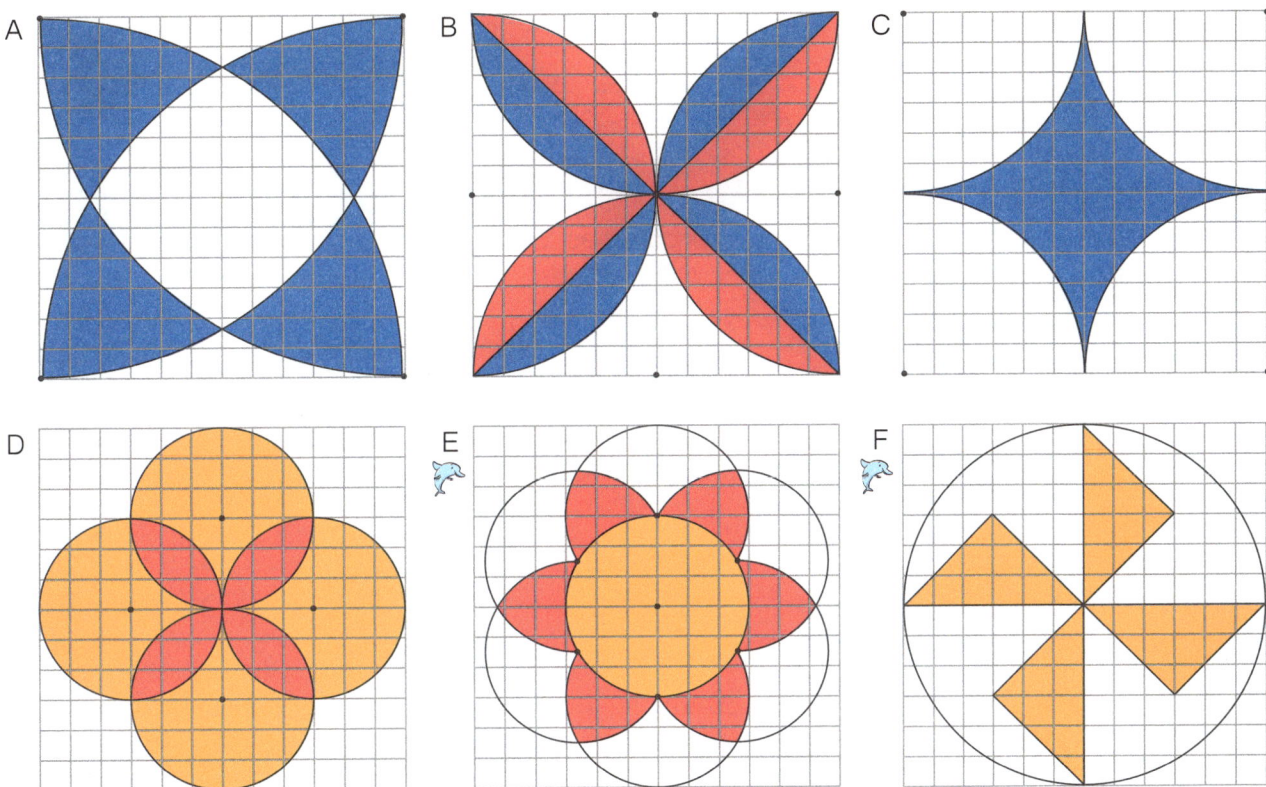

2

Lass die Windräder bei viel Wind auf dem Schulhof rollen.
Das geht besonders gut auf einem großen freien Platz.

Zeichne einen Kreis mit dem Durchmesser 18 cm. Schneide aus.

Zeichne einen Innenkreis mit dem Durchmesser 14 cm.

Unterteile den Innenkreis erst in vier, anschließend in acht gleich große Felder.

Ritze die geraden Linien ein.

Biege dann abwechselnd eine Zacke nach vorn und eine nach hinten.

Ein anderes Windrad erhältst du, wenn du die Pappe alle 3 cm bis zum Innenkreis einschneidest. Biege den Rand abwechselnd nach vorn und nach hinten.

Material und Werkzeug:
- dünner quadratischer Karton (Seitenlänge 20 cm)
- Zirkel, Geodreieck
- Stifte
- Schere, Messer

1 Achsen- und drehsymmetrische Figuren unterscheiden.

1

Größe

Gemessen wird ein Pferd mit dem Stockmaß. Pferderassen, die ein kleineres Stockmaß als 148 cm haben, werden Ponys genannt.

Hektor

Arabisches Vollblut
Stockmaß: 155 cm
Gewicht: 480 kg

Domino

Islandpferd
Stockmaß: 145 cm
Gewicht: 350 kg

Heidi

Shetland
Stockmaß: 107 cm
Gewicht: 220 kg

Chico

Süddeutsches Kaltblut
Stockmaß: 164 cm
Gewicht: 780 kg

a) Welche Pferde sind Ponys?
b) Berechne die Größenunterschiede der Pferde.
c) Berechne die Gewichtsunterschiede der Pferde.

Hektor			1 5 5	cm
Heidi			1 0 7	cm
Unterschied				

2 Tägliche Pflegezeiten eines Ponys

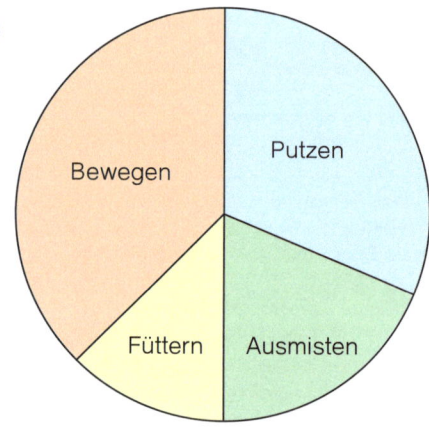

Kreisdiagramm: Putzen, Ausmisten, Füttern, Bewegen

a) Beschreibt das **Kreisdiagramm**.
b) Für welche Pflegetätigkeit benötigt man am meisten Zeit, für welche am wenigsten?
c) Ordnet die Zahlen den Tätigkeiten zu. Begründet.

| 1 h | 20 min | 50 min | 30 min |

d) Legt eine Tabelle an.

	tägliche Pflegezeit	wöchentliche Pflegezeit
Putzen		
Ausmisten		
Füttern		
Bewegen		
Gesamt		

e) Vergleicht das Kreisdiagramm und die Tabelle. Beschreibt die Vor- und Nachteile.

W

3 Ordne. Beginne jeweils mit dem kleinsten Gewicht.
a) $3\frac{1}{2}$ t | 3,7 t | 3,025 t | 3 550 kg
b) 85 kg | 0,400 t | $\frac{1}{2}$ t | 504 kg | 8,3 t | 509 kg

2 d) Evtl. in Minuten umrechnen.

4

Ein Pony

kostet 200 bis 10 000 €.
Dazu kommen die Kosten
für Sattel, Trense, Halfter
und Putzzeug.

FACHGESCHÄFT

Anschaffungskosten
für den Reitsport

Reitkappe	61,95 €
Reithose	54,50 €
Reitstiefel	49,95 €
Putzzeug	30,00 €
Sattel	316,00 €
Halfter	32,50 €
Trense	39,90 €

a) Berechne die Anschaffungskosten für ein Pony mit Zubehör.
Welchen Preis wählst du für das Pony?

b) Die Kinder der Klasse 4b haben die Anschaffungskosten
für Zubehör zusammengestellt.
Was haben sie jeweils ausgewählt?
Berechne den Gesamtpreis.

```
    6 1,9 5 €
    4 9,9 5 €
+ 5 4,5 0 €
─────────────
      Malte
```

```
  3 1 6,0 0 €
      3 0,0 0 €
+   4 9,9 5 €
─────────────
      Marie
```

```
  3 1 6,0 0 €
      3 2,5 0 €
      3 9,9 0 €
+   6 1,9 5 €
─────────────
      Chiara
```

c) Im Schlussverkauf werden alle Preise um 5 € heruntergesetzt,
der Preis für den Sattel um 29 €.
Berechne die Anschaffungskosten für das Zubehör mit den
neuen Preisen.

5 Laufende Kosten für ein Pony in einem Jahr.

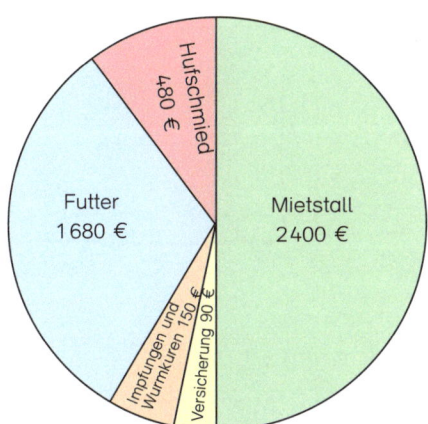

Hufschmied 480 €
Futter 1680 €
Mietstall 2400 €
Impfungen und Wurmkuren 150 €
Versicherung 90 €

a) Beschreibt das Kreisdiagramm.

b) Stellt euch gegenseitig Fragen.

c) Wie hoch sind die gesamten laufenden Ausgaben
in einem Jahr für ein Pony?

d) Legt eine Tabelle an und
zeichnet ein Säulendiagramm dazu.

e) Vergleicht das Kreisdiagramm, die Tabelle
und das Säulendiagramm.
Beschreibt die Vor- und Nachteile.

6

Jeden Donnerstag
PONY
2 €

Die Pferdezeitschrift erscheint wöchentlich.

Jana kauft sich jede Woche ein Heft für 2 €.

Cindy hat ein Abonnement.
Für ein Jahr muss sie 93,60 €
bezahlen.

Lisa bezahlt für ihr Abo
48,60 € für ein halbes Jahr.

Vergleiche. Wofür würdest du dich entscheiden? Begründe.

W

7 Schreibe das Ergebnis jeweils als Kommazahl.

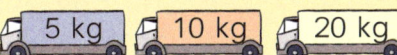 5 kg 10 kg 20 kg 4,800 kg $2\frac{1}{2}$ kg 1,647 kg 975 g 27 g

1

Diese fünf Meisenküken werden von ihren Eltern fleißig gefüttert.
Wie viel Gramm Futter erhält jedes Küken ungefähr?

a) Zwei Wochen lang bleiben die Küken im Nest. Dort erhalten sie zusammen rund 4 000 g Futter.

b) Eine Woche lang werden sie noch außerhalb des Nestes mit ungefähr 2 500 g Futter versorgt.

2

a)	b)	c)	d)	e)
60 : 6	80 : 4	90 : 3	50 : 5	60 : 3
600 : 6	800 : 4	900 : 3	5 000 : 5	600 : 3
660 : 6	880 : 4	990 : 3	5 050 : 5	660 : 3

f)	g)	h)	i)	j)
80 : 2	40 : 4	30 : 3	56 : 8	48 : 6
800 : 2	400 : 4	600 : 3	400 : 8	600 : 6
4 000 : 2	8 000 : 4	21 000 : 3	8 000 : 8	30 000 : 6
4 880 : 2	8 440 : 4	21 630 : 3	8 456 : 8	30 648 : 6

3

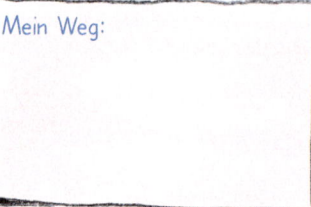

5 700 : 3	Mein Weg:

5 700 : 3	
3 000 : 3 =	
2 700 : 3 =	plus
5 700 : 3 =	
	Jule

5 700 : 3	
6 000 : 3 =	
300 : 3 =	minus
5 700 : 3 =	
	Moritz

4 Wähle deinen Rechenweg.

a) 7 500 : 3	b) 7 600 : 4	c) 1 236 : 6	d) 6 355 : 5	e) 4 767 : 7

f) 12 360 : 6	g) 22 580 : 4	h) 34 650 : 7	i) 146 790 : 9	j) 248 560 : 8

5 Rechne halbschriftlich oder im Kopf.

a) 660 : 4	b) 2 170 : 7	c) 972 : 3	d) 4 270 : 7	e) 8 520 : 4
660 : 5	2 240 : 7	972 : 6	6 790 : 7	1 704 : 8
660 : 2	2 940 : 7	972 : 9	3 010 : 7	1 590 : 3
660 : 3	3 850 : 7	972 : 4	5 530 : 7	5 466 : 6

 108 132 162 165 211 213 220 243 310 320 324 330 420 430 530 550 610 790 911 970 2130

6

a) 64 206 : 2	b) 84 246 : 3	c) 18 090 : 9	d) 217 240 : 4	e) 481 284 : 6
64 206 : 3	84 246 : 6	18 360 : 9	241 616 : 8	317 520 : 5
64 206 : 6	84 248 : 8	27 801 : 9	213 321 : 3	481 160 : 4

2010 2040 3089 10531 10701 14041 21402 22507 28082 30202 32103 54310 63504 71107 80214 120290

3 bis **6** Halbschriftliches Dividieren: Zerlegen auf eigenen Wegen.

1

Herzlichen Glückwunsch zum Lottogewinn von

792 €

Die Gewinnerinnen wollen sich das Geld teilen.
Wie viel Euro bekommt jede?

H	Z	E				H	Z	E
7	9	2	:	3	=	2		
− 6								
1								

7 : 3 geht 2-mal.
2 · 3 = 6. Rest 1

H	Z	E				H	Z	E
7	9	2	:	3	=	2	6	
− 6	↓							
1	9							
− 1	8							
	1							

19 : 3 geht 6-mal.
6 · 3 = 18. Rest 1

H	Z	E				H	Z	E
7	9	2	:	3	=	2	6	4
− 6								
1	9							
− 1	8	↓						
	1	2						
	− 1	2						
		0						

12 : 3 geht 4-mal.
4 · 3 = 12. Rest 0

2 Dividiere schriftlich.

a) 762 : 3   b) 572 : 4   c) 685 : 5   🐝 d) 828 : 6   🐝 e) 833 : 7   🐝 f) 976 : 8

119   122   137   138   143   233   254

3

a) 8505 : 3
9756 : 3
4628 : 4
9996 : 4

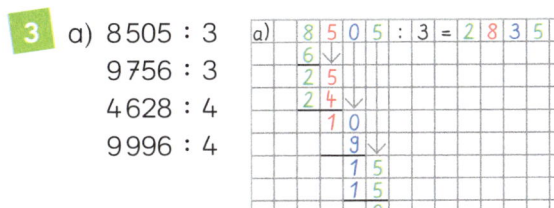

a)
8	5	0	5	:	3	=	2	8	3	5
6	↓									
2	5									
2	4	↓								
	1	0								
		9	↓							
		1	5							
		1	5							
			0							

b) 730 : 5
8075 : 5
7458 : 6
858 : 6

🐝 c) 8624 : 2
718 : 2
471 : 3
3855 : 3

🐝 d) 9905 : 7
861 : 7
8976 : 8
992 : 8

123   124   143   146   157   359   1122   1157   1243   1285   1415   1615   2499   2835   3252   4312   4725

4 Rechne halbschriftlich oder im Kopf.

a) 848 : 2
848 : 4
848 : 8

b) 968 : 8
968 : 4
968 : 2

c) 9966 : 6
9966 : 3
9966 : 2

🐝 d) 96822 : 2
96822 : 3
96822 : 6

🐝 e)   984 : 3
9844 : 4
98445 : 5

106   121   212   242   328   424   484   1661   2461   3322   4983   16137   19689   32274   48410   48411

f) Erkläre die Zusammenhänge.

5 Drei Kollegen haben im Lotto zusammen 7488 € gewonnen.

a) Wie viel Geld bekommt jeder Spieler?
b) Wie viel Geld würde jeder Spieler bekommen, wenn vier Kollegen diesen Gewinn erzielt hätten?
c) Wie viel Geld wäre es bei sechs Kollegen?

6 Hat sich das Lottospielen für Frank gelohnt?
Im vorherigen Jahr hatten er und seine vier Kollegen zusammen 985 € gewonnen.
Frank weiß aber, dass jeder 315 € eingezahlt hatte.

1 Wie viele Stellen wird das Ergebnis haben?

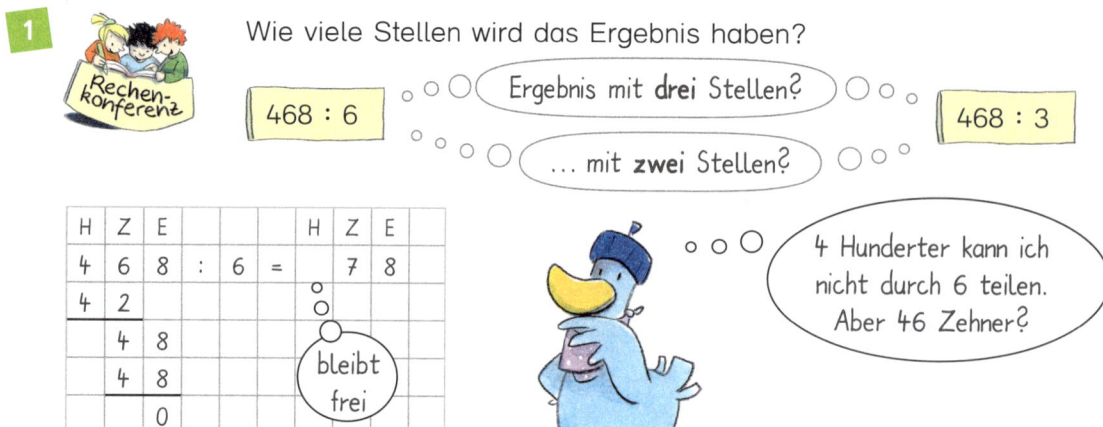

468 : 6   Ergebnis mit **drei** Stellen?   468 : 3

... mit **zwei** Stellen?

H	Z	E				H	Z	E
4	6	8	:	6	=		7	8
4	2							
	4	8						
	4	8						
		0						

bleibt frei

4 Hunderter kann ich nicht durch 6 teilen. Aber 46 Zehner?

2 Dividiere. Überlege vorher, wie viele Stellen das Ergebnis haben muss.

a) 736 : 4
736 : 8

b) 342 : 3
342 : 6

c) 747 : 9
747 : 3

d) 296 : 2
296 : 4

e) 7 872 : 6
7 872 : 3

f) 684 : 9
684 : 3

g) 452 : 4
452 : 2

h) 504 : 8
504 : 4

i) 732 : 6
732 : 3

j) 6 642 : 3
6 642 : 9

57 63 74 76 83 92 113 114 122 126 148 184 226 228 244 249 738 1312 1472 2214 2624

k) Erkläre die Zusammenhänge.

3 Wie viele Stellen muss das Ergebnis haben? Überlege erst, rechne dann.

a) 9 736 : 8
9 736 : 4

b) 4 314 : 3
4 314 : 6

c) 4 692 : 3
4 692 : 6

d) 8 964 : 9
8 964 : 3

e) 56 736 : 6
56 736 : 2

719 782 813 996 1217 1438 1564 2434 2988 9456 28 368

4

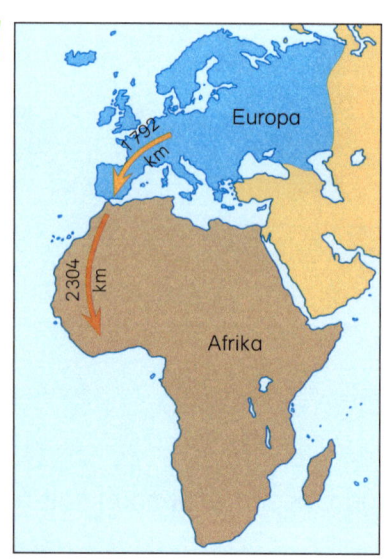

Europa

1 792 km

2 304 km

Afrika

Wie viel Kilometer schafft das Storchenpaar von Müllers Dach ungefähr an einem Tag?

a) Im Herbst flog es erst nach Südspanien.
Es brauchte dafür 8 Tage.

b) Nach einer Woche Pause flog das Storchenpaar weiter nach Westafrika.
Dieser Flug dauerte 9 Tage.

5 Bei einem Mauersegler wurde festgestellt, dass er 1 516 km in vier Tagen flog.
Er hatte Rückenwind.
Wie viel Kilometer schaffte er an einem Tag?

Feststellen, ob die erste Stelle schon teilbar ist. Sonst die beiden ersten Stellen zusammenfassen. Das Ergebnis hat dann eine Stelle weniger.
2 und **3** Verdoppelt (halbiert) sich der Teiler, wird das Ergebnis halb (doppelt) so groß.

1  1686 : 3

a) Wie groß wird das Ergebnis ungefähr sein? Überschlagt.
b) Welchen Überschlag würdet ihr wählen? Begründet.

Ü: 1500 : 3 =   Alina
Ü: 1680 : 3 =   Lena
Ü: 1800 : 3 =   Jonas
Ü: 2000 : 3 =   Sophie

2 Entscheidet, welcher Überschlag am besten passt. Begründet.
Rechnet nur diesen Überschlag.

a) 5964 : 3
Ü: 5000 : 3
Ü: 5100 : 3
Ü: 6000 : 3

b) 12423 : 3
Ü: 12000 : 3
Ü: 15000 : 3
Ü: 13000 : 3

c) 5795 : 5
Ü: 6000 : 5
Ü: 4000 : 5
Ü: 5000 : 5

d) 8444 : 4
Ü: 8500 : 4
Ü: 8400 : 4
Ü: 9000 : 4

e) 17528 : 4
Ü: 15000 : 4
Ü: 16000 : 4
Ü: 17000 : 4

f) 5190 : 6
Ü: 6000 : 6
Ü: 5400 : 6
Ü: 5000 : 6

g) 65448 : 8
Ü: 64000 : 8
Ü: 68000 : 8
Ü: 72000 : 8

h) 8829 : 9
Ü: 10000 : 9
Ü: 8100 : 9
Ü: 9000 : 9

3 Überschlage, dividiere, vergleiche. Kann dein Ergebnis stimmen?

a)
279 : 3
27423 : 3
2742 : 3
792 : 3
7242 : 3
72492 : 3

b)
1758 : 6
7584 : 6
17586 : 6
1758 : 3
468 : 3
14748 : 3

c)
3512 : 4
13572 : 4
35124 : 4
3512 : 8
928 : 8
39296 : 8

d)
266 : 7
1113 : 7
8379 : 7
57827 : 7
134624 : 7
459851 : 7

e)
684 : 9
1116 : 9
46611 : 9
161712 : 9
374508 : 9
832428 : 9

4 Die Nordschule hat 276 Kinder. Viele sind auch nach der Schule aktiv.

a) Jedes vierte Kind trainiert in einem Sportverein.
b) Jedes sechste Kind lernt ein Musikinstrument.

Wie viele Kinder sind das jeweils?

W

5
a) 10000 − 7836 − 2045
b) 10000 − 1418 − 4535
c) 100000 − 845 − 936
d) 100000 − 72560 − 5230

e) 9013 − 5255 − 1048
f) 8428 − 1416 − 2005
g) 6876 − 878 − 3988
h) 17995 − 2305 − 577

i) 4013 + 5246 − 5042
j) 3918 + 1817 − 967
k) 6730 + 3270 − 8922
l) 57575 + 2425 − 3266

119 1078 2010 2710 4047 4217 4768 5007 5113 15113 22210 56734 98219

6

Schon 37527 km auf dem Tacho!

a) Fernfahrer Scholz hat bald so viel wie eine Erdumkreisung geschafft.
Wie viel Kilometer fehlen ihm noch?
b) Fernfahrer Kraus fuhr schon so viel Kilometer, als wäre er sechsmal um die Erde gefahren.

40000 km

1 bis 4 Schriftlich oder halbschriftlich lösen.
2 Diff.: Exakte Ergebnisse ermitteln.

1

Finn:

6	1	5	0	:	3	=	2	5	0
6									
0	1	5							
	1	5							
		0	0						

Leider falsch. Warum?

Ü: 6 0 0 0 : 3 = 2 0 0 0

Null an der Hunderterstelle.

Null an der Einerstelle.

6	1	5	0	:	3	=	2	**0**	5	**0**
6										
0	1									
	0									
	1	5								
	1	5								
		0	0							

Erklärt Finns Fehler.
Vergleicht mit den
richtigen Rechnungen.

2 Beachte die **Nullen** im Ergebnis.

a) 24 321 : 3
24 312 : 3
24 213 : 3
24 231 : 3

b) 86 460 : 6
86 406 : 6
86 640 : 6
86 604 : 6

c) 86 418 : 3
68 418 : 3
84 618 : 3
48 618 : 3

d) 303 525 : 5
302 535 : 5
305 325 : 5
302 355 : 5

8071	8077	8099
8104	8107	14401
14410	14434	14440
16206	22806	28206
28806	60471	60507
60705	61065	

3

4830 : 7

Leonie

Ü:	4	9	0	0	:	7	=	7	0	0
	4	8	3	0	:	7	=	6	8	0

?

Der **Überschlag** zeigt,
ob das Ergebnis **stimmen kann**.

Die **Probe** zeigt,
ob das Ergebnis **stimmt**.
Als Probe rechnet man
die Umkehraufgabe.

Probe:		6	8	0	·	7
		4	7	6	0	

Woran kann man sehen, dass Leonie wohl falsch gerechnet hat?

4 Sind die Ergebnisse richtig? Dividiere und rechne die Probe.

a) 5120 : 4 = 1280   Marie

b) 18 315 : 9 = 2 035   Felix

c) 30 170 : 7 = 431   Charlotte

d) 6 183 : 9 = 689   Irina

a)	5	1	2	0	:	4	=	1	2	8	0
	4					Probe:		1	2	8	0	· 4
	1	1							5	1	2	0
		8									
		3	2								
		3	2								
			0	0							

e) 7 744 : 8 = 968   Leon

f) 40 395 : 5 = 8 079   Simon

g) 47 448 : 6 = 7 908   Ali

h) 21 570 : 3 = 719   Moritz

5 a) Sucht euch fünf aufeinanderfolgende Zahlen, die größer sind als 500.
Addiert sie. Dividiert dann das Ergebnis durch 5.
Was fällt euch auf?

b) Geht das auch mit sechs Zahlen? Begründet.

Forschungs-auftrag

W

6
 10 €   22 €   100 €   3,70 €   7,98 €   0,75 €   46 ct

				1	0	,	0	0	€
−					3	,	7	0	€

1 und 2 Die Vorteile des Überschlags – besonders bei Nullen im Ergebnis – klären.
3 und 4 Für die Probe das schriftliche Multiplizieren nutzen. Schülerfehler besprechen.
4 Fünf Ergebnisse sind richtig.

1

Sport-Spaß
Schnellversandhaus

Lieferschein

Menge	Artikel
300	Springseile
100	Pedalos
250	Frisbee-Scheiben
500	Bälle

Diese Sportgeräte wurden für die **sieben Grundschulen** der Stadt bestellt.

a) Verteile gleichmäßig. Wie viele bekommt jede Schule?

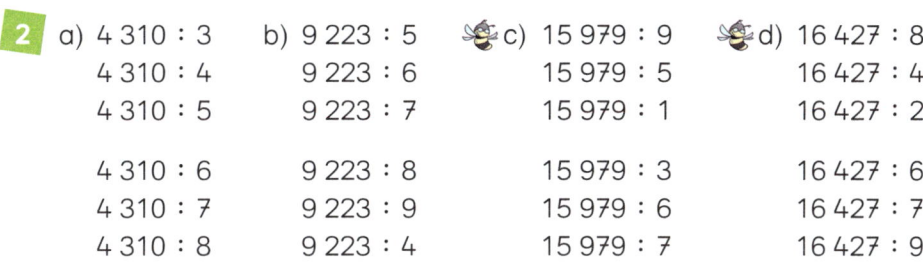

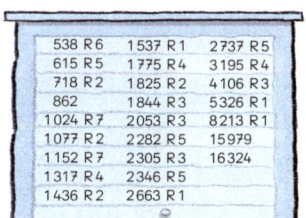

b) Was könnte mit den restlichen Sportgeräten passieren?

2

a) 4 310 : 3	b) 9 223 : 5	c) 15 979 : 9	d) 16 427 : 8
4 310 : 4	9 223 : 6	15 979 : 5	16 427 : 4
4 310 : 5	9 223 : 7	15 979 : 1	16 427 : 2
4 310 : 6	9 223 : 8	15 979 : 3	16 427 : 6
4 310 : 7	9 223 : 9	15 979 : 6	16 427 : 7
4 310 : 8	9 223 : 4	15 979 : 7	16 427 : 9

538 R 6	1537 R 1	2737 R 5
615 R 5	1775 R 4	3195 R 4
718 R 2	1825 R 2	4106 R 3
862	1844 R 3	5326 R 1
1024 R 7	2053 R 3	8213 R 1
1077 R 2	2282 R 5	15979
1152 R 7	2305 R 3	16324
1317 R 4	2346 R 5	
1436 R 2	2663 R 1	

3 500 Frühstücksdosen sollen an sechs Grundschulen gleichmäßig verteilt werden.
a) Was machen wir mit dem Rest?
b) Können 506 Frühstücksdosen an diese Schulen ohne Rest verteilt werden?
c) Wie viele Frühstücksdosen könnten ohne Rest an die sechs Schulen verteilt werden? Begründe.

4

152 : 4

Könnt ihr aus diesen Ziffern Divisionsaufgaben ohne Rest bilden?
Nicht alle Ziffern müssen in einer Aufgabe verwendet werden.

5 a) 5 200   b) 78 300   c) 938 000   d) 134 000   e) 9 700

Dividiert erst durch 4, das Ergebnis dann durch 5 und nochmals durch 5.
Was stellt ihr fest? Könnt ihr geschickter rechnen?

6 a)
Meine Zahl ist zweistellig. Sie ist ohne Rest durch 8 teilbar und größer als 90.

b)
Wenn ich meine Zahl durch 9 dividiere, erhalte ich 25 Rest 4.

c)
Meine Zahl kann ich ohne Rest durch 25 und durch 30 dividieren. Sie liegt zwischen 700 und 800.

W

7 10 m   5 m   20 m   2,50 m   4,99 m $4\frac{1}{2}$ m   25 cm   7 cm

1 Welche Kartoffeln
sind billiger?
Begründet eure Antwort.

Frühkartoffeln
6 kg   3 €

Frühkartoffeln
2 kg   2 €

2 Der OLA-Markt bietet 6 kg Biokartoffeln für 4,32 € an.
Bauer Mohr verkauft 2 kg Biokartoffeln für 1,78 €.

a) Berechne jeweils den Preis für 1 kg und vergleiche.

Kartoffeln von OLA	Preis
6 kg	4,32 €
1 kg	

:6 ⟵ ⟶ :6

Kartoffeln von Mohr	Preis
2 kg	1,78 €
1 kg	

:2 ⟵ ⟶ :2

b) Erkläre Annas Rechnung.

Ich rechne anders.

Kartoffeln von Mohr	Preis
2 kg	1,78 €
6 kg	

·3 ⟵ ⟶ ·3

Anna

3 Rechne auf deinem Weg.

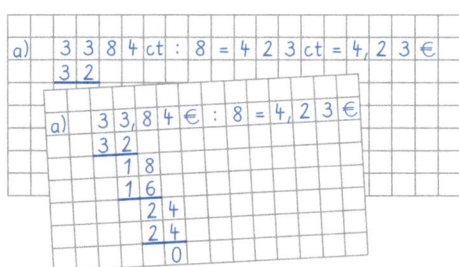

WAU alles Gute für den HUND
3 kg   8,25 €

WUFF Hundefutter
5 kg   13,20 €

BELLA Hundefutter
2 kg   5,32 €

*Welche Packung
soll ich kaufen?*

4 Dividiere Kommazahlen.

a) 33,84 € : 8
33,84 € : 4
33,84 € : 2

85,32 € : 3
85,32 € : 6
85,32 € : 9

a) 3 3 8 4 ct : 8 = 4 2 3 ct = 4,23 €
    3 2

a) 3 3,8 4 € : 8 = 4,23 €
    3 2
      1 8
      1 6
        2 4
        2 4
          0

b) 65,84 € : 2
65,84 € : 8
65,84 € : 4

192,42 € : 3
192,42 € : 6
192,42 € : 9

c) 432,36 € : 3
432,36 € : 2
432,36 € : 6

578,25 € : 3
578,25 € : 5
578,25 € : 9

 1,23 € 4,23 € 8,23 € 8,46 € 9,48 € 14,22 € 16,46 € 16,92 € 21,38 € 28,44 € 32,07 € 32,92 € 64,14 € 64,25 € 72,06 € 115,65 € 144,12 € 192,75 € 216,18 €

5 a) In der „Fruchtquelle" kosten acht Apfelsinen 5,12 €.
Jule konnte auf dem Wochenmarkt vier Apfelsinen für 2,64 € kaufen.

b) Auf dem Markt werden drei Zitronen für 0,87 € angeboten.
Im Supermarkt kostet ein Netz mit ____ Zitronen ____ €.

W

6 a)  1200 2400 3600 ⋮ 30 600 3

b)  1400 14000 140 ⋮ 20 7

---

1 und **2** Für den Preisvergleich auf gleiche Mengen schließen (auf einheitlich 1 kg oder 2 kg oder auf 6 kg).
5 b) „Geöffnete" Sachaufgabe: Mengen und Preise erkunden.

1

a) Das sind die wichtigsten Tasten am Taschenrechner:

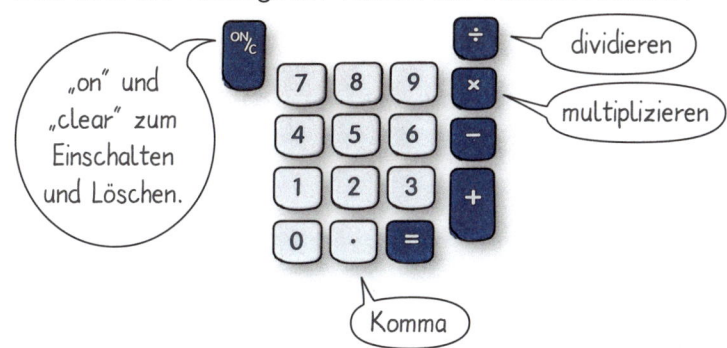

„on" und „clear" zum Einschalten und Löschen.

dividieren

multiplizieren

Komma

b) Vergleiche mit deinem Taschenrechner.

c) Wie viele Stellen kann dein Taschenrechner anzeigen?

2

7 353	507	8 315	51 379	38 317	9 315	35 137

a) Tippe diese Zahlen ein. Drehe den Taschenrechner. Was siehst du?

b) Finde selbst solche Zahlen.

3

15 · 17 + 80	807 · 6 + 2549	18 · 32 − 69	1383 · 3 + 1359	982 · 4 + 3207

a) Rechne mit dem Taschenrechner. Drehe den Taschenrechner um.
Notiere das Lösungswort.

b) Finde selbst solche Aufgaben.

4 Wer rechnet schneller?
Einer nimmt den Taschenrechner und der andere rechnet im Kopf.

Erst denken, dann rechnen.

a) 42 : 6
14 · 15
25 · 7
30 : 5

b) 1000 + 200 + 30 + 10
5000 + 5000 − 5000
4132 + 1628 + 3547
6728 + 3936 − 3936

c) 18 · 7
20 · 6
7 · 1
84 · 0

d) 6350 : 10
1560 : 12
4500 : 15
5000 : 20

e) 13 · 17 · 6 · 0
7483 · 5 : 5
750 + 396 − 396
810 : 27 : 3 · 0

5 a) Multipliziere mit dem Taschenrechner.

1 · 7 = 7   14 · 7 =
2 · 7 = 14   15 · 7 =
3 · 7 = 21   …
…   Setze fort.

b) Ist 17 ein Vielfaches von 7?

7, 14, 21, … nennt man **Vielfache** von 7.

6 a) Schreibe zehn Vielfache von 8 auf.

b) Schreibe fünf Vielfache von 25 auf.

c) Schreibe die Vielfachen von 125 auf, die größer als 600 und kleiner als 1 001 sind.

d) Welche Vielfachen von 77 777 sind kleiner als 1 000 000? Schreibe auf.

e) Schreibe fünf Vielfache von 3 auf, die auch gleichzeitig Vielfache von 4 sind.

f) Finde ein gemeinsames Vielfaches von 3, 4 und 5.

1 Evtl. auf die Begriffe Summe, Differenz, Produkt, Quotient eingehen.

1 Dividiere mit dem Taschenrechner.

18 : 1 = 18
18 : 2 = 9
18 : 3 = 6   Setze fort bis
18 : 4 = 4,5   18 : 18 =

> 1, 2, 3, 6, 9, 18 nennt man **Teiler** von 18, weil beim Dividieren kein Rest bleibt.

2 Findet geschickt alle Teiler von 12 .

Sarah:
12 : 8 = 1,5 ƒ
12 : 6 = 2 ✓
12 : 3 =

Lia:
12 : 1 = 12
12 : 2 = 6
12 : 3 = 4
12 : 4 = 3
12 : 5 = 2,4
12 :

Philipp:
1 · 12 = 12
2 · 6 = 12
3 · 4 = 12

Teiler von 12:
1, 12, 2,

Mein Weg:

3   24   90   36   100   35   23   99

a) Untersuche die Zahlen mit dem Taschenrechner. Schreibe alle Teiler auf.
b) Welche Zahl hat die meisten Teiler?
c) Finde eine Zahl, die genau 3 Teiler hat.

a) Teiler von 24:
1, 2,

4 a) Schreibe drei Teiler von 100 auf.   b) Schreibe sechs Teiler von 5000 auf.

c) Schreibe die Teiler von 2500 auf, die kleiner als 10 sind.   d) Welche Teiler von 1000 sind kleiner als 50 und größer als 10?

5 a) Gibt es gemeinsame Teiler von 12 und 27?   b) Haben 15 und 24 auch gemeinsame Teiler?

c) Finde gemeinsame Teiler von 16 und 28.   d) Finde gemeinsame Teiler von 24 und 32.

6

b) „1 ist Teiler von allen Zahlen."

c) „Alle ungeraden Zahlen haben nur 2 Teiler."

d) „Eine Zahl kann nie mehr als fünf Teiler haben."

a) „Alle geraden Zahlen kann man durch 2 teilen."

e) „Jede Zahl außer Null ist Teiler von sich selbst."

f) „Eine große Zahl hat immer mehr Teiler als eine kleine Zahl."

7 Benutze nur diese Tasten des Taschenrechners: 3 4 + − × ÷ =

 Kannst du die Ergebnisse erreichen? Notiere die

a) 15   a) 4 · 4 + 3 −   b) 20   c) 2   d) 33   e) 40

f) Finde weitere Zahlen, die du so erreichen kannst.

1 Besprechen, dass der Taschenrechner beim Dividieren keinen Rest anzeigt, sondern auf Nachkommastellen rundet. **7** Alle Ergebnisse sind auf diese Weise erreichbar.

1 Suche jeweils zehn Zahlen, die du ohne Rest dividieren kannst.
   a) durch 2   b) durch 5   c) durch 10

2 Woran kannst du erkennen, dass eine Zahl durch 2, 5 oder 10 **teilbar** ist?
Schreibe die Regeln auf.

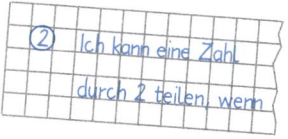

3 Finde große Zahlen,
   a) die durch 2 teilbar sind.   c) die durch 10 teilbar sind.   e) die durch 50 teilbar sind.
   b) die durch 5 teilbar sind.   d) die durch 20 teilbar sind.   f) die durch 80 teilbar sind.

4 a) Schreibe Zahlen auf, die durch 4 teilbar sind.
   b) Findest du auch hier eine Regel?

5 a) Vier Kinder wollen sich eine Tafel Schokolade teilen.
      Wie viele Stücke müssten es sein, damit sie gerecht geteilt werden kann?

   b) Wie wäre es, wenn ein fünftes Kind dazu käme?

zum Knobeln

> Eine Zahl ist durch 3 teilbar, wenn ihre **Quersumme** ohne Rest durch 3 teilbar ist.

Die **Quersumme** von 576 ist $5 + 7 + 6 = 18$.

6 a) Teilbar durch 3? Prüfe mit der Quersumme.

| 63 | 99 | 1590 | 142 | 8462 | 7254 | 4692 |

   b) Findet weitere Zahlen, die durch 3 teilbar sind.
      Notiert sie mit ihrer Quersumme. Lasst den Partner prüfen.

7 a) Dividiere diese Zahlen durch 9.

| 198 | 21402 | 357 | 729 | 4302 | 6522 | 12753 |

   b) Findest du auch hier eine Regel?

8 Finde zehn Zahlen, die ohne Rest durch 3 teilbar sind.
Sind sie auch durch 6 teilbar?
Finde die Regel zur Teilbarkeit durch 6.

Forschungsauftrag

W

9 Multipliziere zwei Zahlen miteinander und subtrahiere die dritte Zahl.
Versuche eine möglichst kleine Zahl zu erreichen.

   a) 30 148 650
   b) 400 76 256
   c) 398 395 397
   d) 586 585 587

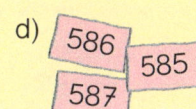

Kleinste Ergebnisse	
	3790
19056	156417
339423	342223

1    7   9   2

a) Wie viele Teiler hat jede dieser Zahlen?
b) Welche Zahlen haben genau zwei Teiler?

> **Primzahlen** sind nur
> durch 1 und sich selbst teilbar.
> 1 ist keine Primzahl.

2 Welche Zahlen sind Primzahlen?

a) 21   23   31   33   37   45   53   69

b) 27   41   51   56   61   87   113   145

a)
21 : 1 = 21
21 : 2 = 10 R 1
21 : 3 = 7
21 ist keine Primzahl.

3 So kannst du alle Primzahlen finden:

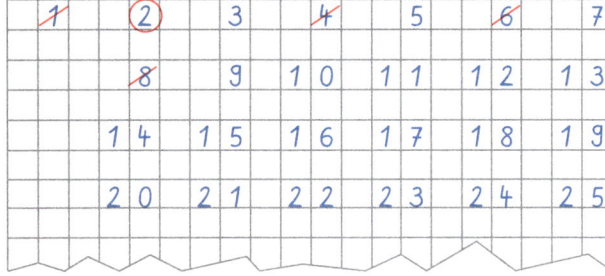

– Schreibe die Zahlen so geordnet ins Heft.
– Streiche die 1 durch, weil sie keine Primzahl ist.
– Kreise die **Primzahl 2** ein.
  Die Vielfachen von 2 sind keine Primzahlen.
  Streiche sie auch durch.
– Kreise die **Primzahl 3** ein.
  Streiche alle Vielfachen von 3 durch.
– Die nächste, nicht durchgestrichene Zahl
  ist wieder eine neue Primzahl.
  Kreise sie ein. Streiche ihre Vielfachen durch.

4  Kann das stimmen?

a) „Eine gerade Zahl ist nie eine Primzahl."

b) „Es gibt zwei Nachbarzahlen, die beide Primzahlen sind."

c) „Eine Primzahl kann durch 4 teilbar sein."

d) „101 ist die kleinste dreistellige Primzahl."

5

a) Meine Zahl ist gerade und Teiler von 12 und 14.

b) Meine Zahl ist eine Primzahl und ein Teiler von 35.

c) Meine Zahl liegt zwischen 60 und 70 und ist ein gemeinsames Vielfaches von 4 und 8.

d) Meine Zahl ist Teiler von allen Zahlen.

e) Meine Zahl ist gerade und sie ist eine Primzahl.

f) Meine Zahl ist ungerade und sie ist ein Teiler von 24.

6 Schreibt selbst Zahlenrätsel.
Verwendet die Begriffe „Vielfache", „Teiler", „Primzahl".

W

7 Rechne nur die lösbaren Aufgaben.

 5438   33 215   72 561    5439   8 704   4 687   11 982

751	862	21 233
24 511	27 776	28 528
60 579	63 857	67 122
67 874		

3 Das Sieb des Eratosthenes. **5** b) Zwei Lösungen.

1 Eine **Dreierzahl** gewinnt. Es gilt die Fläche, auf der der Kreisel liegen bleibt.

| sicher | sehr wahrscheinlich | weniger wahrscheinlich | unmöglich |

| immer | häufig | selten | nie |

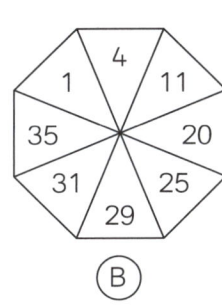
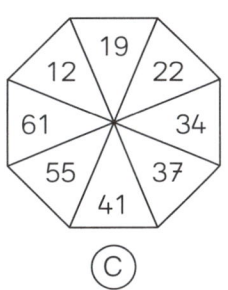
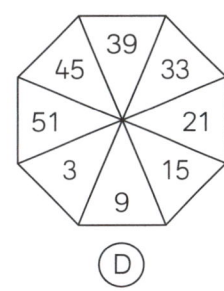
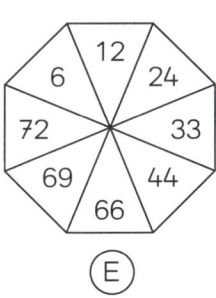

Ⓐ   Ⓑ   Ⓒ   Ⓓ   Ⓔ

a) Welchen Kreisel würdet ihr wählen? Begründet.

b) Bei welchem Kreisel ist ein Gewinn sicher, wahrscheinlich, unwahrscheinlich oder unmöglich?

2 Eine **Sechserzahl** gewinnt. Bei welchen Kreiseln hat man die gleichen Gewinnchancen? Vergleicht und begründet.

A   B   C   D

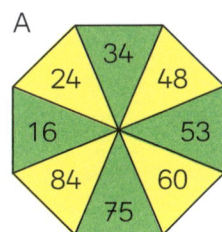
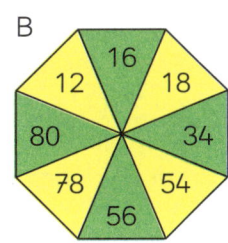
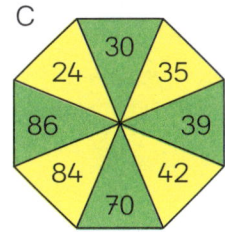
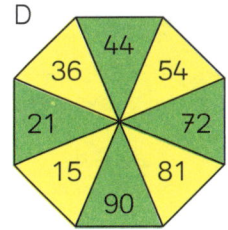

3 Entscheidet und begründet.

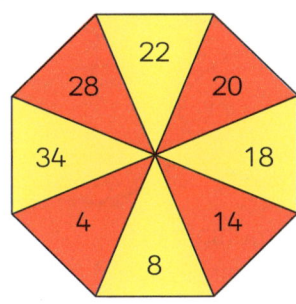

A „Ich treffe immer ein Vielfaches von 5."

B „Ich treffe einen Teiler von 60."

C „Ich treffe eine Primzahl."

D „Ich treffe eine gerade Zahl."

E „Ich treffe eine ungerade Zahl."

 F „Ich treffe einen gemeinsamen Teiler von 24 und 32."

A	weniger wahrscheinlich
	selten

4 Male passende Kreisel.

a) „Ich treffe nie eine gerade Zahl."

b) „Ich treffe sicher eine Fünferzahl."

c) „Ich treffe wahrscheinlich einen Teiler von 80."

d) „Es ist unwahrscheinlich, dass ich eine Primzahl treffe."

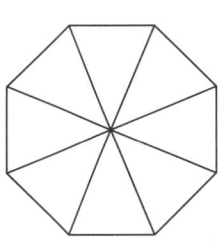

W

5 Rechne nur die lösbaren Aufgaben.

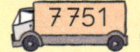 7 751   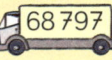 68 797    24 354   5 426   3 697   9 653   8 168

2 325	3 271	4 054
14 701	16 186	18 928
20 657	59 144	60 629
63 371	65 100	

1 bis **4** Kopiervorlage.
Kreisel basteln. Gewinnchancen besprechen.

1

Pkws	Lkws
~~////~~ ~~////~~ ~~////~~ ~~////~~ ~~////~~ ~~////~~	|||

a) Die Klasse 4a führt eine Verkehrszählung durch.
   Drei Kinder zählen 15 Minuten lang an der Ringstraße.
   Wie viele Pkws und wie viele Lkws haben sie gezählt? Vergleiche.

b) Charlotte meint: „Eben kamen zehn Pkws. Bald kommt **wahrscheinlich** ein Lkw."
   Felix behauptet: „Nein, als nächstes kommt **mit Sicherheit** ein Lkw."
   Simon sagt: „Nein, das hängt vom **Zufall** ab." Was meinst du?

c) Die Stadtverwaltung teilt mit, dass in jeder Vormittagsstunde rund 200 Kraftfahrzeuge
   durch die Ringstraße fahren.
   Kannst du sagen, wie viele davon wahrscheinlich Lkws sind?

2

Die Verkehrszählung am Dienstag ergab:
Rund 200 Radfahrer und 400 Fußgänger.
In der ganzen Woche wurden hier
3000 Personen gezählt.
Wie viele waren wahrscheinlich Radfahrer?

3 # Wahrscheinlichkeitsspiel

Für drei Kinder.

Start

Jedes Kind spielt mit drei Würfeln, die Augenzahlen werden miteinander multipliziert.
Jedes Kind darf immer dann seine Spielfigur ein Feld vorrücken, wenn es sein **Produkt** erreicht.
Lisa wählt das Produkt 12, Ali wählt 15, Marco wählt 18.

a) Welches Kind wird wahrscheinlich gewinnen?

b) Was wäre, wenn Marco statt der 18 die Zahl 17 gewählt hätte?

c) Suche eine weitere Zahl mit hoher **Gewinnwahrscheinlichkeit.** Begründe.

4

a) Johanna und Leonie werfen eine Münze. Viermal liegt die Zahl oben.
   Johanna meint: „Jetzt kommt bestimmt viermal die andere Seite,
   denn sie ist genauso wahrscheinlich wie die Seite mit der Zahl."

b) Finn behauptet: „Wenn ich sechsmal würfele, ist sicher eine sechs dabei."

1

Die vier Kinder überlegen, ob sie am Wochenende den Kletterpark oder das Freibad besuchen sollen.
Wie könnte eine Abstimmung der vier Kinder ausfallen?
Legt eine Tabelle für die verschiedenen Möglichkeiten an.

Kletterpark	Freibad
0	4
1	3

2 Weil sich die vier Kinder nicht einigen können, soll der Zufall entscheiden.
Sie überlegen sich verschiedene Verfahren.

A **Würfeln**

⊡ ⊡ Freibad

⊡ ⊡ ⊡ ⊡ Kletterpark

B **Münzen werfen**

10 Freibad

Kletterpark

C **Karten ziehen**

1 2 3 4 5 6 7

ungerade Zahlen: Freibad
gerade Zahlen: Kletterpark

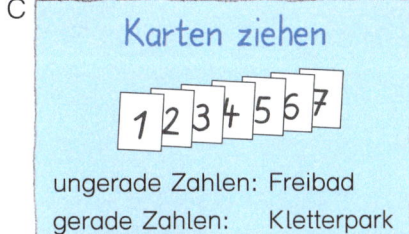

D **Eine Murmel ziehen**

grün: Freibad

rot: Kletterpark

E **Lose ziehen**

Zwei Lose haben einen roten
Punkt, acht Lose haben einen
blauen Punkt.

rot: Freibad
blau: Kletterpark

a) Nele möchte zum Kletterpark. Bei welchem Verfahren hat sie die größten Gewinnchancen?
b) Sven will ins Freibad. Bei welchem Verfahren hat er die größten Gewinnchancen?
c) Welches Verfahren ist gerecht? Begründet.
d) Wie müsst ihr die Verfahren ändern, damit alle gerecht sind?

W

3 Wie viele Holzwürfel wurden jeweils verbaut?
Berechne zuerst die unterste Schicht, multipliziere dann mit der Zahl der Schichten.

A 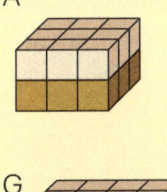 B 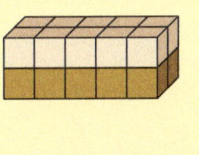 C 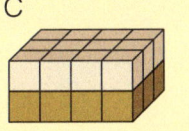 D 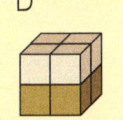 E 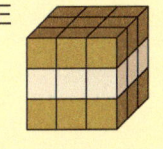 F

G 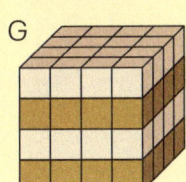 H 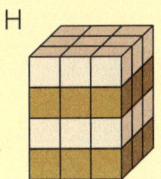 I 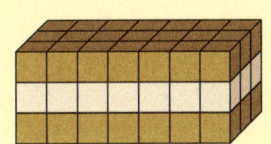 J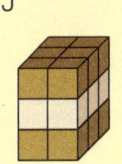

1  Mit diesen Plättchen könnt ihr Schrägbilder zu Würfelgebäuden legen. Probiert aus.

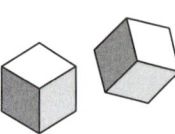  Schiebt übereinander.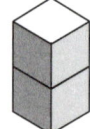

2 Baut mit Holzwürfeln. Legt die Figuren mit Plättchen in einem Punktgitter nach.

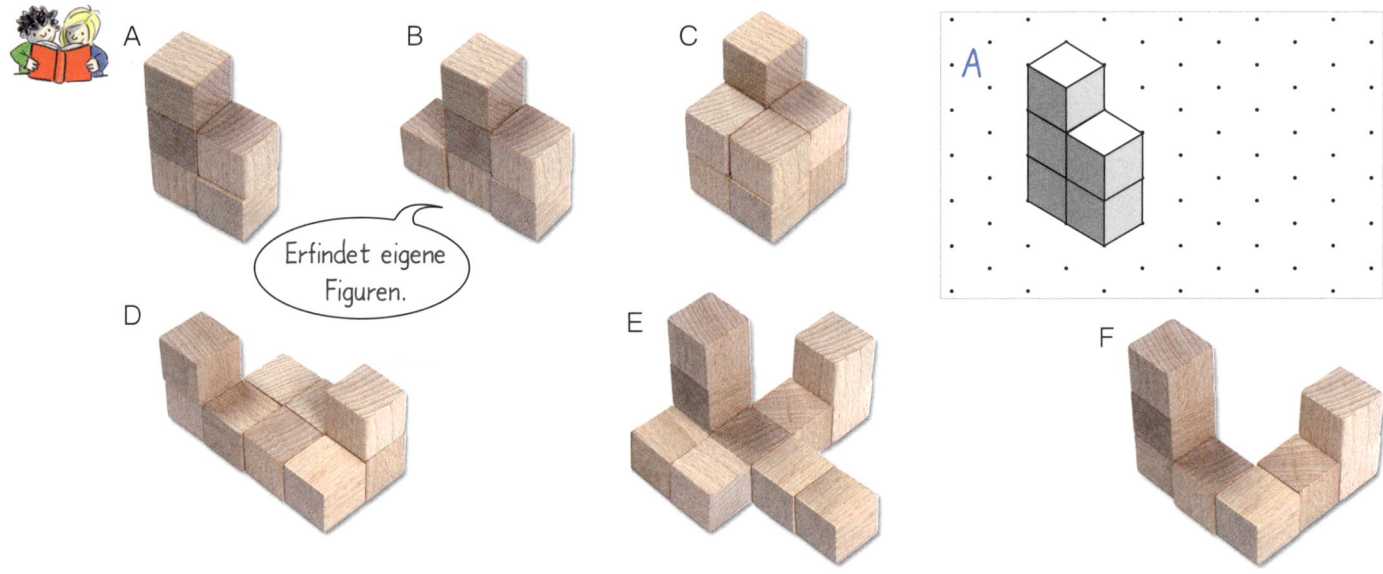

Erfindet eigene Figuren.

3 Lege und zeichne im Punktgitter.

a)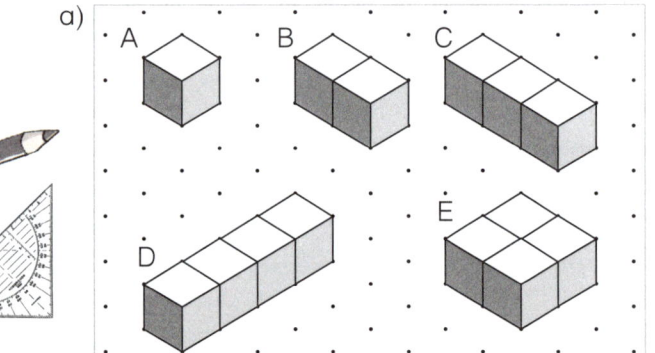

b)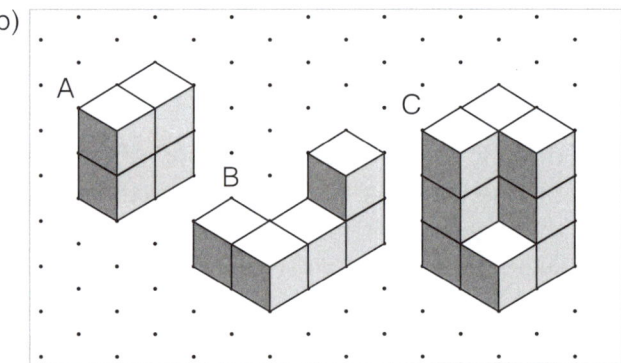

4 a) Legt und zeichnet. Setzt das Muster fort.

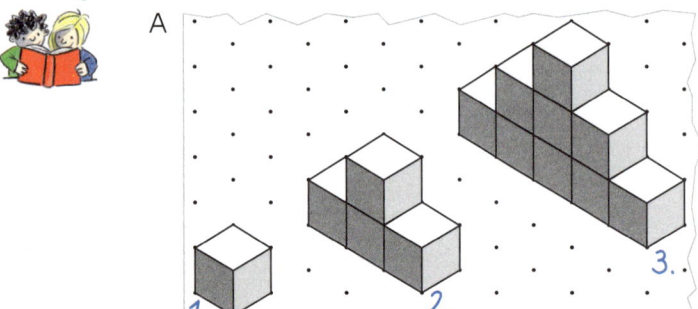

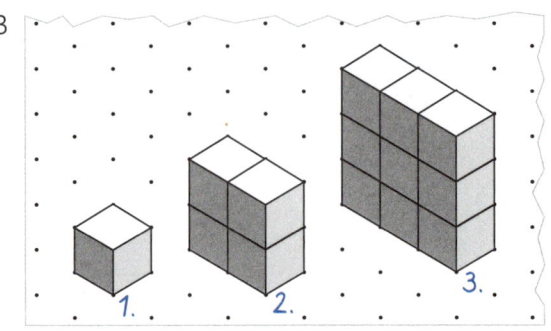

b) Wie viele Plättchen würdet ihr für die 10. Figur benötigen? Beschreibt die Regel.

1

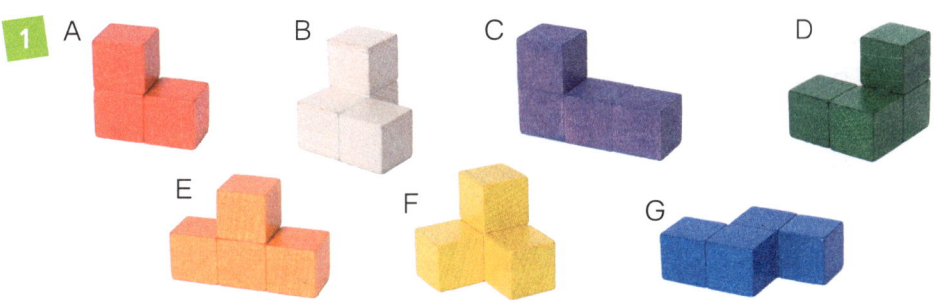

A B C D

E F G

Diese sieben Teile lassen sich zu einem Soma-Würfel zusammenbauen.
Beschreibt die Teile des Soma-Würfels. Überprüft.

2 Welche zwei Teile des Soma-Würfels sind hier jeweils zusammengesetzt? Überprüft.

a) 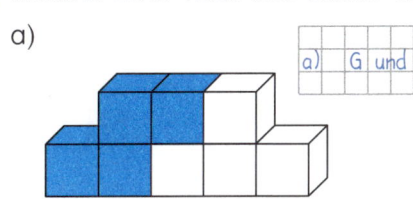   b)    c) 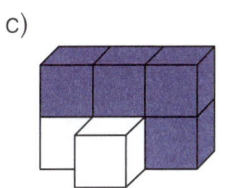   d)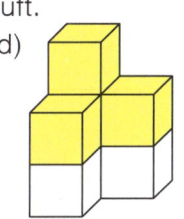

e) 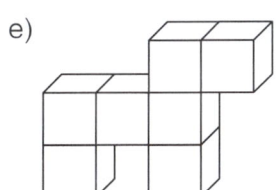   f) 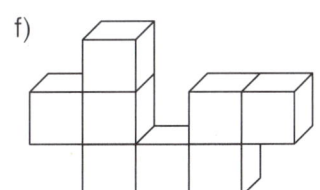   🐬 g) 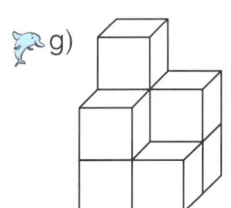   🐬 h)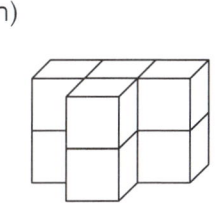

3 Aus welchen Teilen des Soma-Würfels sind die Figuren zusammengesetzt? Überprüft.

a)    b)    c) 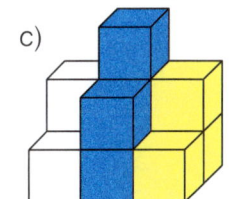   d)

🐬 e) 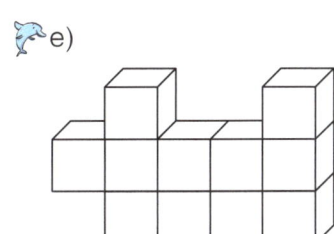   🐬 f) 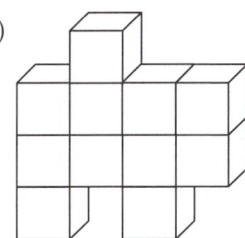   🐬 g) 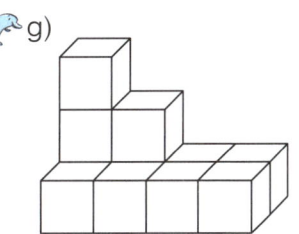   🐬 h)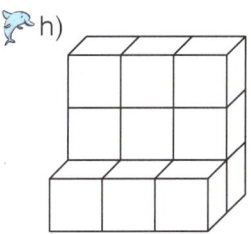

4 Ihr könnt auch mit allen sieben Teilen des Soma-Würfels bauen.

zum Knobeln

A 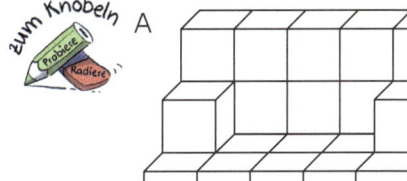   B 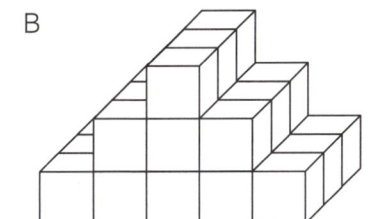   C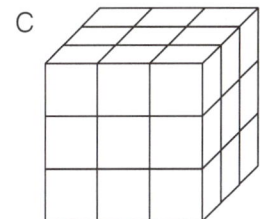

1 Evtl. Teile des Soma-Würfels aus Holzwürfeln zusammenkleben. Freies Bauen mit Teilen des Soma-Würfels.
2 und **3** Kopfgeometrie. Kopiervorlage nutzen. **3** f) bis h) Mehrere Möglichkeiten.

1

Faltet ein Postpaket auseinander. Beschreibt das **Netz** eines Quaders.

2 Sammelt Schachteln.
Schneidet sie an den Kanten so auf, dass jeweils das Netz zu erkennen ist.

3 Welches Netz passt?

a)   A 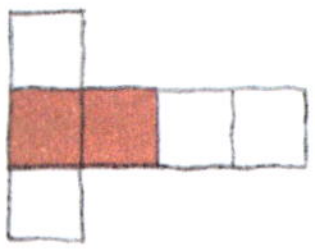   B 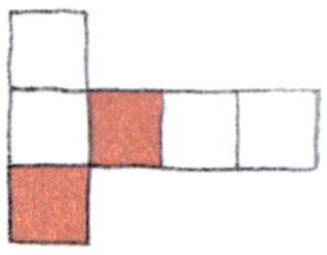   C 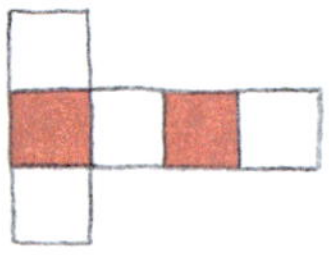   D

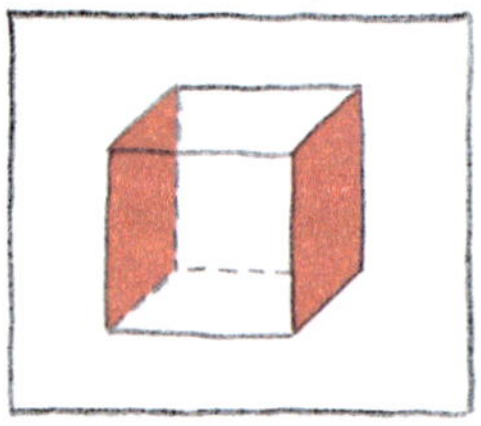

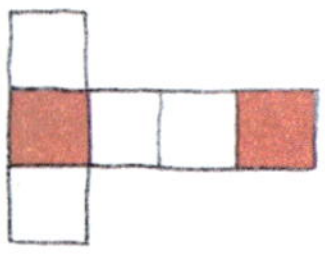

b) 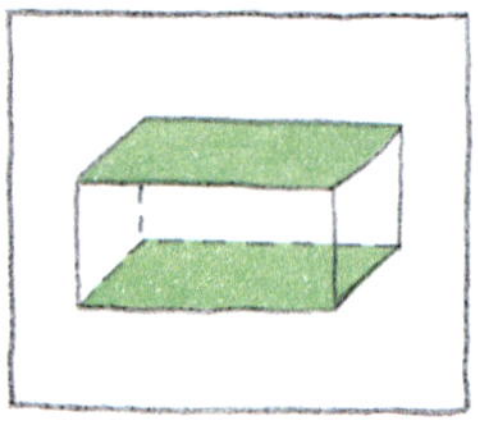   A    B    C 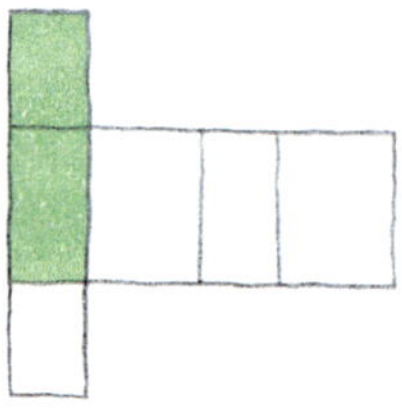   D

c)    A    B 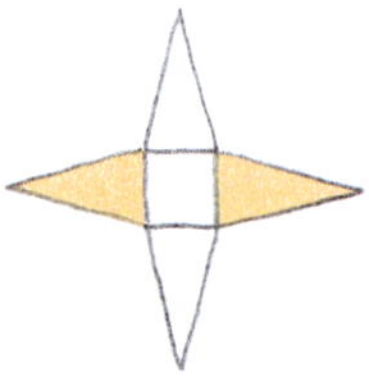   C    D

d)    A 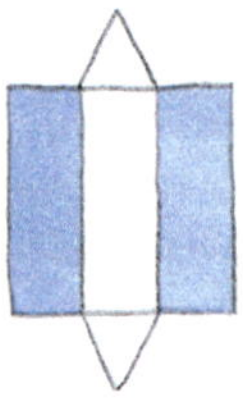   B 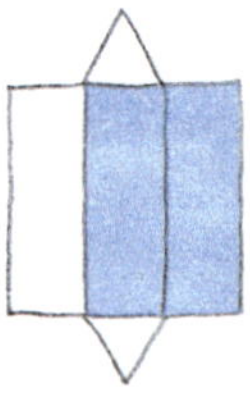   C 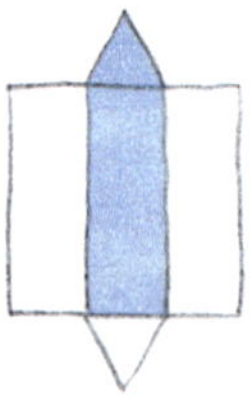   D

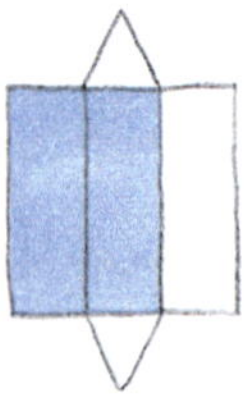

4 Welche Netze passen zum Spielwürfel?

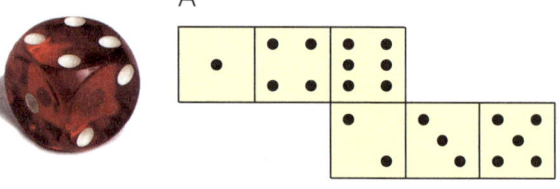

A   B 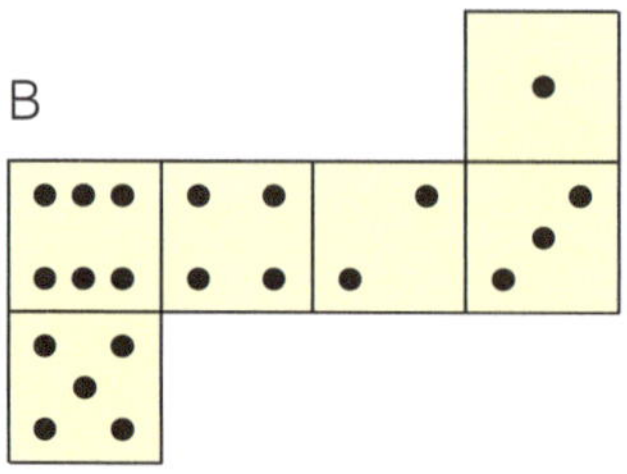   C

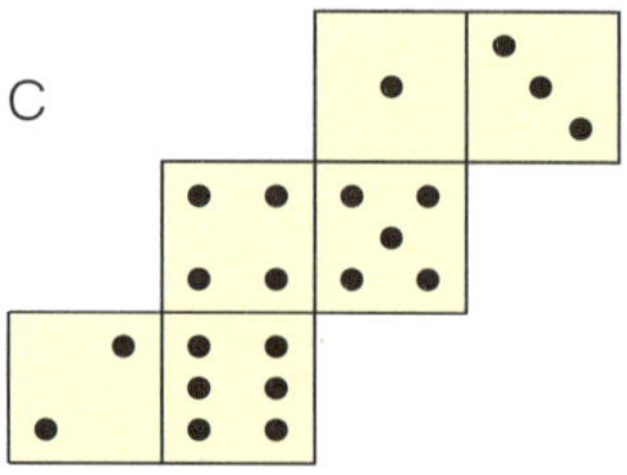

a) Begründe deine Antwort.
b) Stelle selbst einen Spielwürfel her.

1 Diff.: Auch andere Postpakete untersuchen. **3** d) Mehrere Lösungen.

5

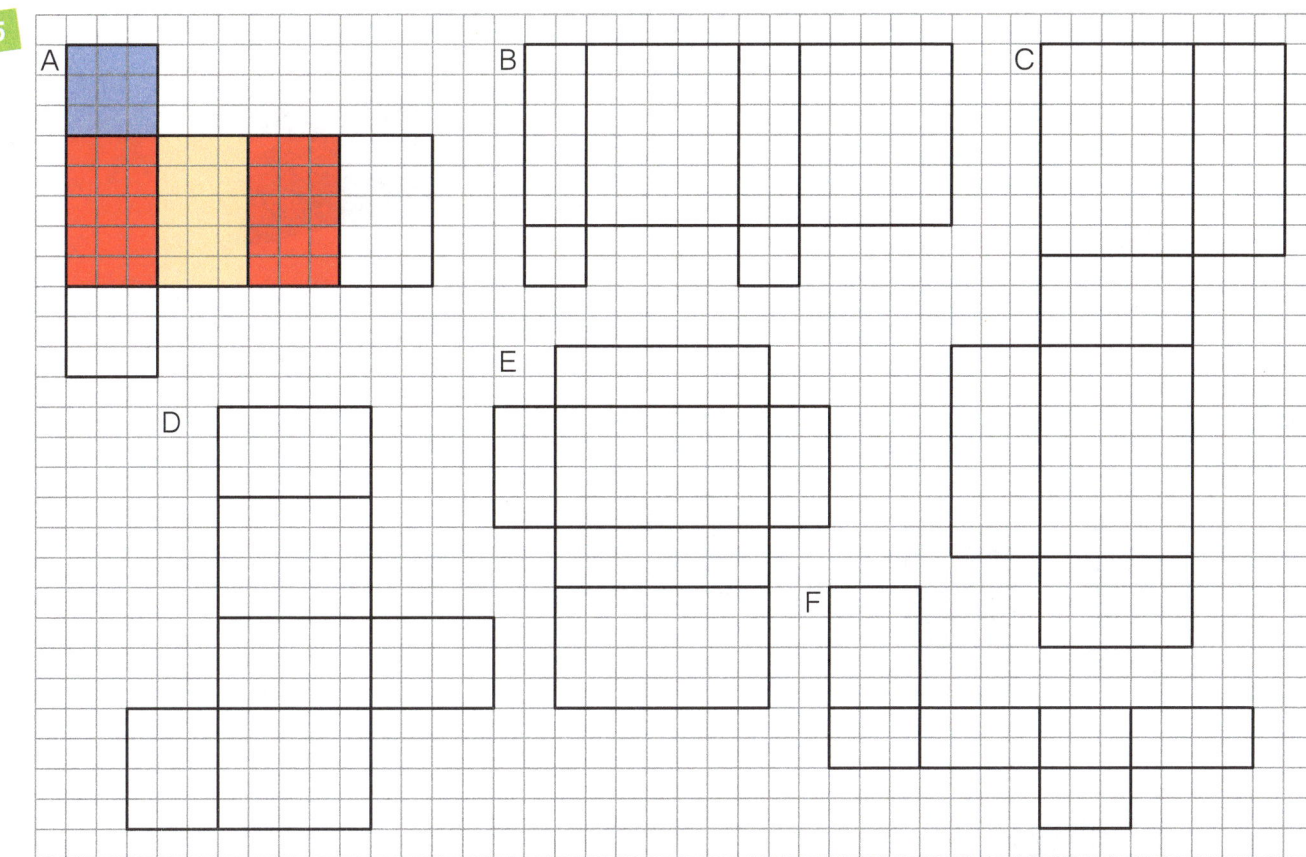

a) Zwei dieser Zeichnungen sind keine Quadernetze. Kannst du jetzt schon sagen welche? Begründe.

b) Zeichne die Netze auf Karopapier. Überlege, welche Flächen sich
nach dem Zusammenfalten gegenüberliegen. Male sie gleichfarbig an.

c) Schneide aus und überprüfe.

6  Wie könnten die Netze dieser Schachteln aussehen?
Zeichne, schneide aus und überprüfe.

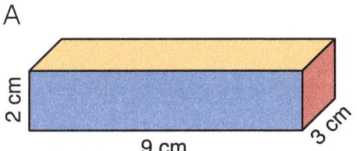

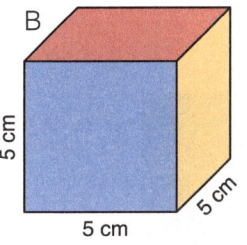

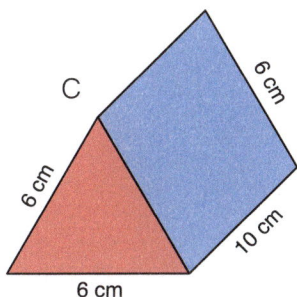

7  a)

Mona hat für ihre Oma ein Geschenk verpackt.
Nun überlegt sie, wie viel Geschenkband
sie braucht. Für die Schleife muss sie zusätzlich
60 cm berücksichtigen.

b)

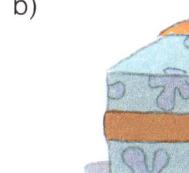

Reichen 3 m Geschenkband, wenn sie dasselbe
Paket so verschnürt?

7 Diff.: Antwort begründen.

1 a) Kippt eine Schachtel nacheinander –
erst nach rechts (r), dann nach hinten (h),
dann nach links (l) und dann nach vorn (v).
Vorschrift: r – h – l – v
Welche Fläche liegt zuletzt oben?

b) Kippt nacheinander.
Vorschrift: r – r – h – h – h
Welche Fläche liegt zuletzt oben?

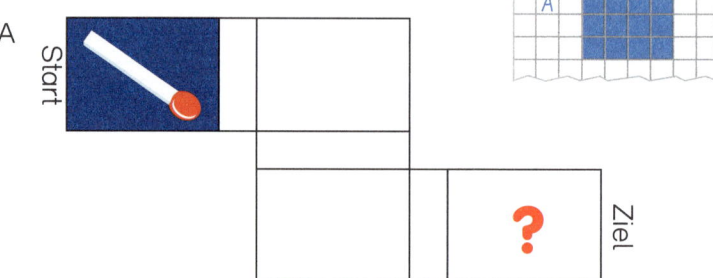

nach hinten

nach links

nach rechts

nach vorn

2 Kippe die Schachtel in der Vorstellung.
a) Welche Fläche liegt jeweils am Ziel oben? Zeichne nur diese Fläche.

Ansicht der Schachtel

von oben   von unten

A

Start

Ziel

?

B

Start

Ziel

?

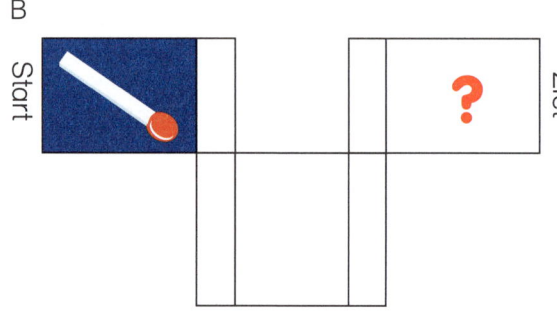

C

Ziel

?

Start

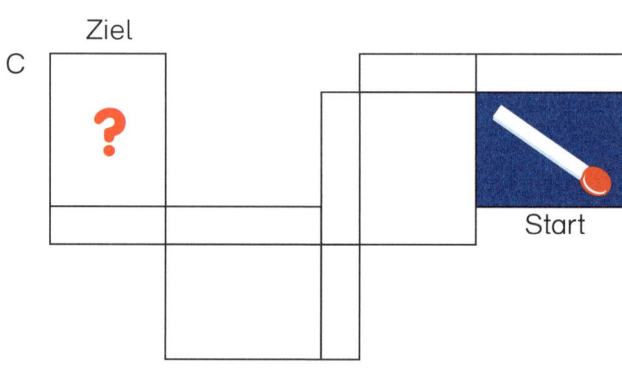

D

Ziel

?

Start

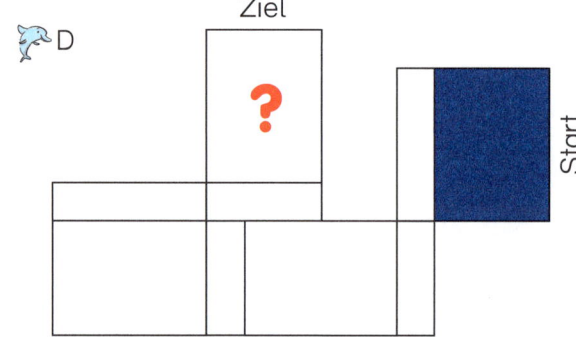

E

Ziel

?

Start

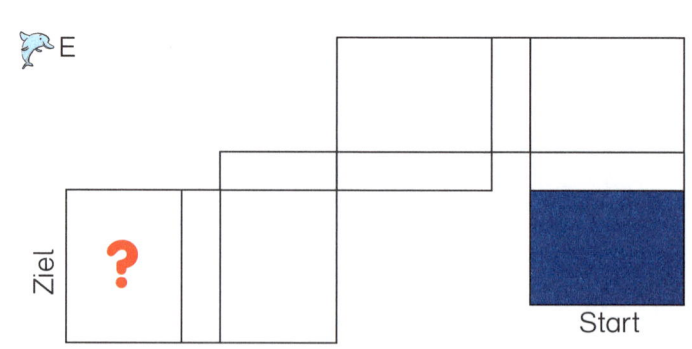

b) Überprüfe deine Vermutung und notiere den Weg.

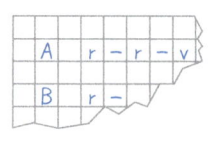

A   r – r – v

B   r –

3 Kippt in der Vorstellung. Welche Fläche liegt jeweils am Ziel oben? Überprüft.

Start

a) r – r – h – h – l – l

b) h – h – h – l – l – h

c) v – r – h – l – l

d) l – v – v – r – h – h

e) r – r – r – r – h – h – h – h

f) l – r – v – h – v – h

2 und **3** Erst Kopfgeometrie. Anschließend mit einer Schachtel handelnd nachvollziehen.

Flüssigkeiten werden in **Liter** und **Milliliter** gemessen.

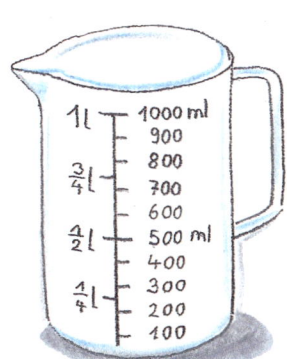

1 Liter = 1000 Milliliter
1 l = 1000 ml

drei viertel Liter

ein achtel Liter

1 l = 1000 ml $\frac{1}{2}$ l = 500 ml $\frac{1}{4}$ l = 250 ml $\frac{3}{4}$ l = 750 ml $\frac{1}{8}$ l = 125 ml

1 Sammelt Flaschen und Behälter. Ordnet sie nach der ml-Angabe.
Wie viel Milliliter passen in die verschiedenen Gefäße?
Schätzt. Prüft mit dem Messbecher oder der Spritze.

	geschätzt	gemessen
Tasse		

2 Jule möchte den Saft in Becher verteilen.
Welche Möglichkeiten hat sie? Zeichne die Becher.

a)

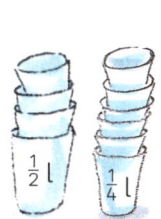

$\frac{1}{2}$ l $\frac{1}{4}$ l

b)

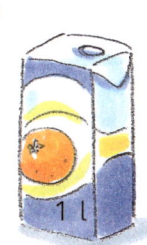

1 l

a) $\frac{1}{2}$ l $\frac{1}{2}$ l

2 l

c)

1 $\frac{1}{2}$ l

d)

2 $\frac{3}{4}$ l

3 Wie viel Milliliter sind es?

a) 2 l   a) 2 l = 2000 ml
   3 l
   5 l
   8 l

b) 6 l
   6 $\frac{1}{2}$ l
   6 $\frac{1}{8}$ l
   6 $\frac{1}{4}$ l

c) 7 l
   7 $\frac{1}{4}$ l
   7 $\frac{3}{4}$ l
   1 $\frac{3}{4}$ l

d) 1 $\frac{1}{4}$ l
   2 $\frac{1}{4}$ l
   5 $\frac{1}{2}$ l
   9 $\frac{1}{2}$ l

e) $\frac{1}{8}$ l
   $\frac{2}{8}$ l
   $\frac{2}{4}$ l
   1 $\frac{3}{8}$ l

4 Ordne die passende Füllmenge zu.

A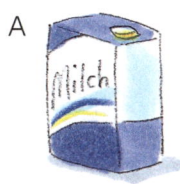

B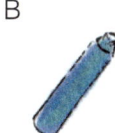

C

D

E

10 l   180 l   1 ml   1 l   800 ml   250 ml

Einfache Brüche im Kontext Hohlmaße einführen.
4 Ein überzähliges Kärtchen.

1 „Bananen-Milchmix"
für vier Personen

$\frac{1}{2}$ l Milch
100 g Joghurt
200 g Bananen

Bananen schälen und in Stücke schneiden. Milch, Joghurt und Banane mit einem Pürierstab zerkleinern.

Berechnet die Mengen des „Bananen-Milchmix".

a) für zwei Personen

b) für sechs Personen

c) für acht Personen

d) für eure Klasse

2 Die Kinder der Klasse 4a möchten den „Süße-Träume-Cocktail" zubereiten. Sie sind insgesamt 24 Personen.
a) Welche Menge benötigen sie jeweils?
b) Das Getränk wird in Krüge gefüllt. Wie viele Krüge sind es insgesamt?
c) Ananassaft gibt es in Literflaschen. Wie viele Flaschen muss die 4a kaufen?
d) Sirup gibt es in 250-ml-Flaschen. Wie viele Flaschen muss die 4a jeweils kaufen?

„Süße-Träume-Cocktail"
für sechs Personen

700 ml Ananassaft
400 ml Milch
200 ml Erdbeersirup
150 ml Vanillesirup
 50 ml Zitronensaft

Alle Zutaten im Shaker gut schütteln.

3  „Sommerbrise"
für sechs Gläser

$\frac{1}{2}$ l Ananassaft
$\frac{1}{2}$ l Orangensaft
200 ml Zitronensaft

Alles miteinander mischen.

Die Klasse 4b bereitet 30 Gläser „Sommerbrise" zu.

a) Welche Mengen benötigen die Kinder jeweils?

b) Wie viel Milliliter enthält ein Glas „Sommerbrise"?

c) Wie viel Liter enthalten 30 Gläser „Sommerbrise"?

4 Simon hat 8 l Punsch. Davon will er 2 l abmessen.
Er hat keinen Messbecher, sondern nur einen 5-l-Topf und einen 3-l-Topf.
Wie kann er trotzdem 2 l abmessen?

W

5 a) 30 000 : 30 000   b) 20 000 : 10 000   c) 40 000 : 10 000   d) 60 000 : 30 000
   30 000 : 15 000   20 000 : 2 000   40 000 : 8 000   60 000 : 20 000
   30 000 : 3 000   20 000 : 4 000   40 000 : 4 000   60 000 : 10 000

6 Manche Aufgaben kannst du im Kopf lösen.
   a) 636 : 3   b) 816 : 4   c) 1 500 : 5   d) 4 200 : 7   e) 1 206 : 9
      396 : 3   432 : 4   1 845 : 5   2 632 : 7   918 : 9
      591 : 3   692 : 4   2 390 : 5   2 107 : 7   999 : 9

102   108   111   132   134   173   197   204   212   300   301   369   376   478   600   718

Fächerübergreifendes Projekt: Mengen für die eigene Klasse berechnen und zubereiten.

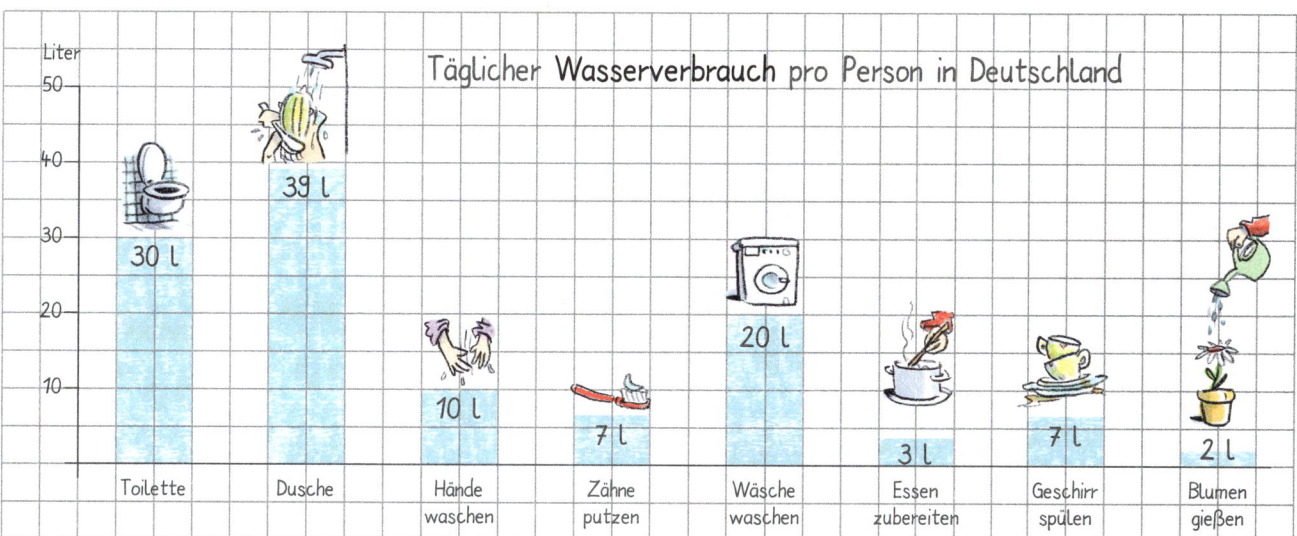

Täglicher **Wasserverbrauch** pro Person in Deutschland

	Liter
Toilette	30 l
Dusche	39 l
Hände waschen	10 l
Zähne putzen	7 l
Wäsche waschen	20 l
Essen zubereiten	3 l
Geschirr spülen	7 l
Blumen gießen	2 l

1 Wie viel Liter Wasser verbraucht eine Person?

     a) am Tag   b) in der Woche   c) im Monat   d) im Jahr

2 Berechne den täglichen Wasserverbrauch deiner Familie.

     a) Lege eine Tabelle an.

     b) Zeichne ein Diagramm.

a)	Wassermenge
Toilette	l
Dusche	l

3 Das ist der Wasserverbrauch der Paul-Maar-Schule.

Monat	Jan.	Feb.	März	April	Mai	Juni	Juli	August	Sept.	Okt.	Nov.	Dez.
Liter	64 000	77 000	81 000	31 000	80 000	75 000	51 000	11 000	77 000	42 000	82 000	69 000

     a) Zeichnet ein passendes Säulendiagramm.

     b) Vergleicht den Wasserverbrauch in den einzelnen Monaten. Was fällt euch auf?

4  Kann das stimmen?

     a) „Ich trinke am Tag 10 l Wasser."
         Johanna

     b) „In unsere Badewanne passen 1000 l Wasser."
         Lennart

     c) „In meine Trinkflasche passen 300 ml Wasser."
         Jonas

W

5
a)	b)	c)	d)	e)
20 000 : 2	30 000 : 3	60 000 : 1	40 000 : 4	10 000 : 10
20 000 : 4	30 000 : 6	60 000 : 2	40 000 : 5	10 000 : 5
20 000 : 5	30 000 : 5	60 000 : 3	40 000 : 8	10 000 : 2

6 Manche Aufgaben kannst du im Kopf lösen.

a)	b)	c)	d)	e)
630 : 6	420 : 3	1000 : 5	1496 : 4	2400 : 8
654 : 6	444 : 3	1380 : 5	1200 : 4	2560 : 8
786 : 6	690 : 3	3590 : 5	2936 : 4	2568 : 8

 105   109   131   140   148   200   230   245   276   300   300   320   321   374   718   734

1 und **2** Daten aus dem Diagramm nutzen. **2** Alternativ: Wasseruhr im eigenen Haushalt ablesen.
3 Mit dem Wasserverbrauch der eigenen Schule vergleichen.

1 Der **Rauminhalt** kann mit Maßwürfeln gemessen werden.
Dazu wird der Quader mit einheitlichen Zentimeterwürfeln gefüllt.

Zentimeter-
würfel

1 cm   1 cm   1 cm

A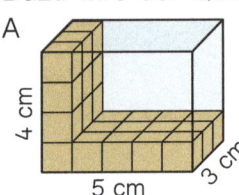

4 cm   5 cm   3 cm

B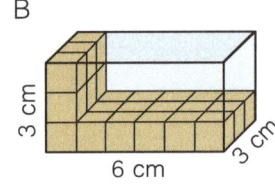

3 cm   6 cm   3 cm

In welchen Quader passen mehr Zentimeterwürfel?
Baut nach. Rechnet aus.

2 Berechne den Rauminhalt dieser Schachteln. Wie viele Zentimeterwürfel passen hinein?

a)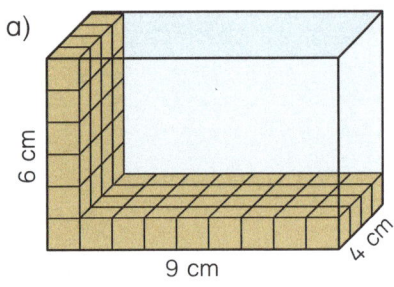

6 cm   9 cm   4 cm

b)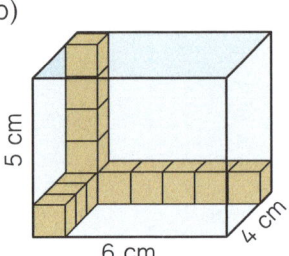

5 cm   6 cm   4 cm

c)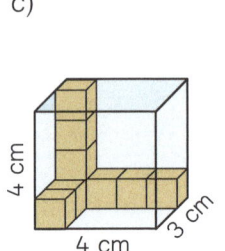

4 cm   4 cm   3 cm

d)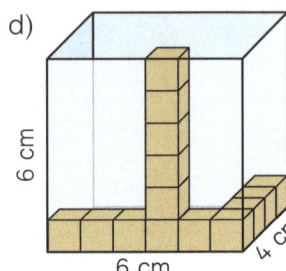

6 cm   6 cm   4 cm

e)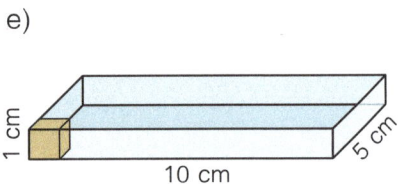

1 cm   10 cm   5 cm

f)

3 cm   10 cm   5 cm

g)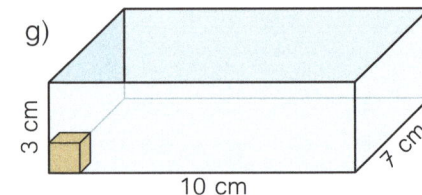

3 cm   10 cm   7 cm

h)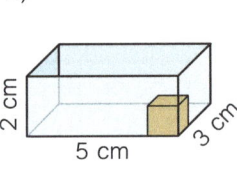

2 cm   5 cm   3 cm

i)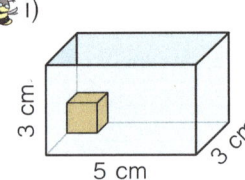

3 cm   5 cm   3 cm

j)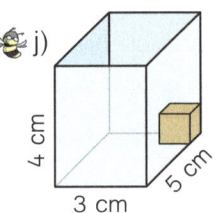

4 cm   3 cm   5 cm

k)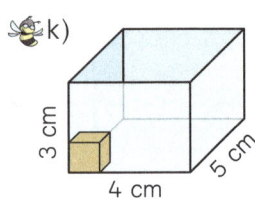

3 cm   4 cm   5 cm

3 Ein Zentimeterwürfel hat den Rauminhalt 1 ml.

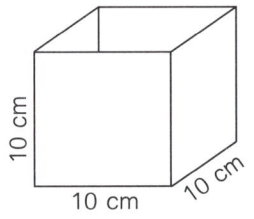

10 cm   10 cm   10 cm

a) Wie viele Zentimeterwürfel passen in diesen Würfel?
b) Wie viel Milliliter passen in diesen Würfel? Wie viel Liter sind es?

4 Wie viel Liter Wasser passen in diese Aquarien?

a)

20 cm   40 cm   20 cm

b)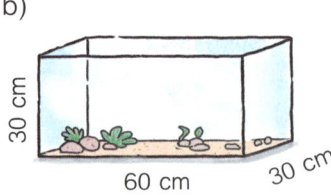

30 cm   60 cm   30 cm

c)

60 cm   120 cm   50 cm

W

5  7 751    879   16 917   8 476   3   9   7   4

2 637	3 516	6 153	7 911
23 253	25 428	31 004	33 904
50 751	54 257	59 332	67 668
69 759	76 234	76 284	118 419
152 253			

Raumvorstellungen entwickeln.

1

Jeder Dominostein besteht aus zwei Hälften mit den Augenzahlen zwischen Null und Sechs.

Wie viele verschiedene Steine gibt es mit diesen Kombinationen?

a) mit 6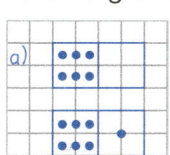

b) mit 5

Die Kombinationen und dürfen nur einmal gezählt werden.

2 Wie viele Steine hat das komplette Dominospiel?
Berücksichtige, dass jede Kombination genau einmal vorkommt.

 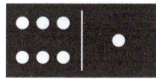 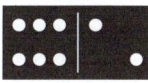

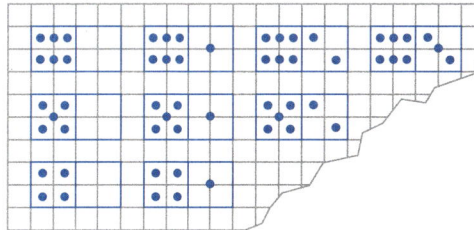

3 Wie viele Kombinationen gibt es mit dieser **Augensumme**? Zeichne.
Denke daran: jede Kombination darf nur einmal vorkommen.

a) 6 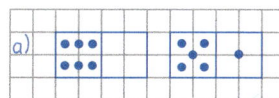   b) 8   c) 3   d) 10   e) 7   f) 4

4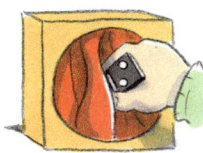
Stell dir vor, alle Dominosteine liegen in einer Fühlkiste.
Du ziehst einen Stein heraus. Ist es wahrscheinlicher, einen Stein mit der Augensumme 6 zu ziehen oder einen Stein mit der Augensumme 3?
Begründe.

5 a) Wie viele Dominosteine hätte ein Dominospiel,
bei dem die Augenzahlen von Null bis Sieben vorkommen?
b) Für welche Augensumme gäbe es beim Dominospiel bis Sieben
die meisten Kombinationen? Zeichne ins Heft.

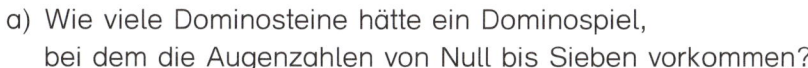

6

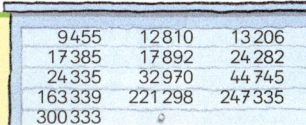

9455	12810	13206
17385	17892	24282
24335	32970	44745
163339	221298	247335
300333		

W

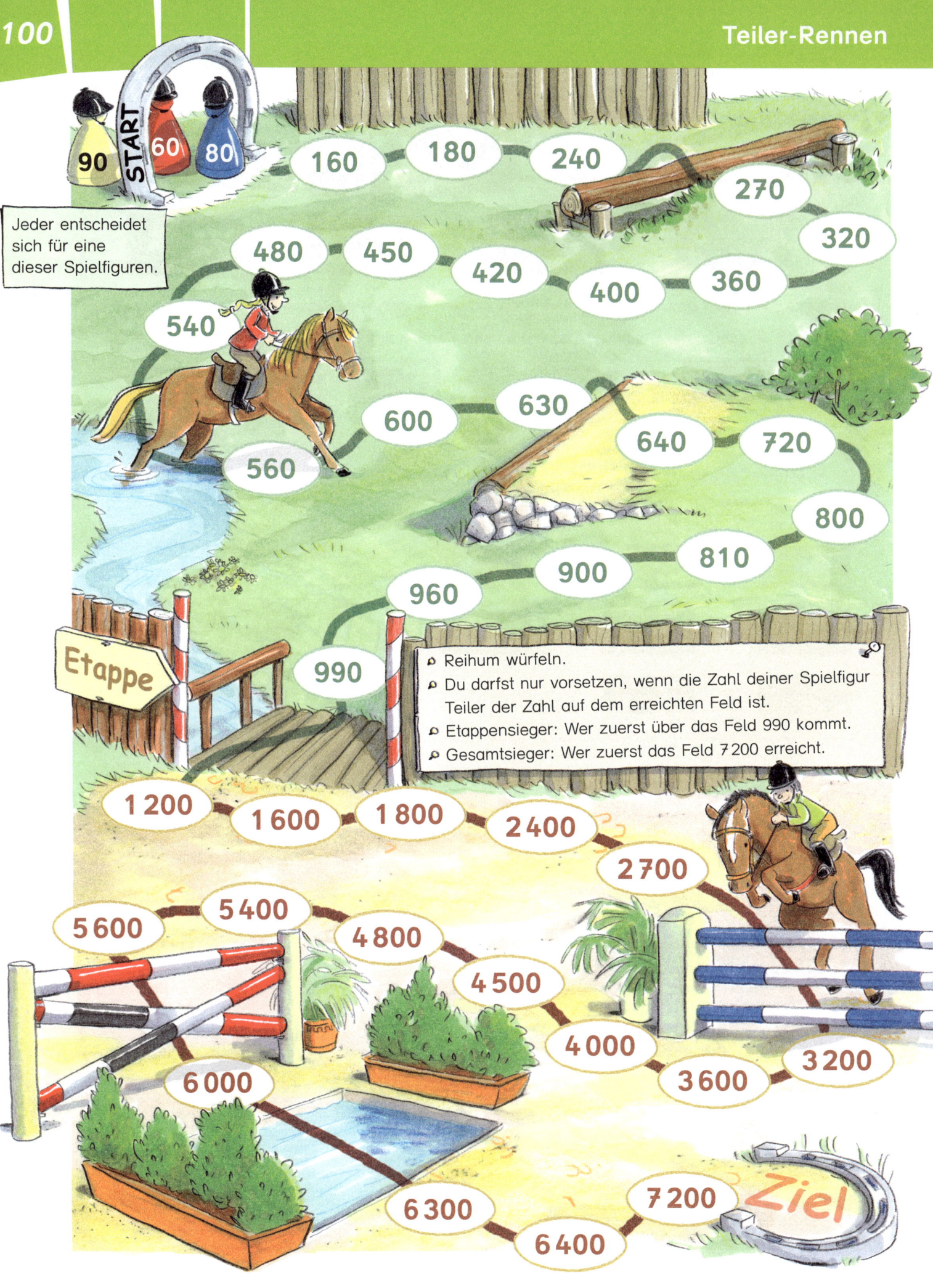

Jeder entscheidet sich für eine dieser Spielfiguren.

Etappe

- Reihum würfeln.
- Du darfst nur vorsetzen, wenn die Zahl deiner Spielfigur Teiler der Zahl auf dem erreichten Feld ist.
- Etappensieger: Wer zuerst über das Feld 990 kommt.
- Gesamtsieger: Wer zuerst das Feld 7 200 erreicht.

START
90 60 80

160 180 240 270 320

480 450 420 400 360

540

600 630 640 720

560 800

900 810

960

990

1 200 1 600 1 800 2 400

2 700

5 400

5 600 4 800

4 500

6 000 4 000 3 200

3 600

6 300 7 200 Ziel

6 400

1 a) | 1356 : 4 | b) | 13560 : 40 |

Ü: 1200 : 4 = ___

T	H	Z	E			T	H	Z	E
1	3	5	6	: 4	=				3
1	2								
	1	5							

Julia

Ü: 12000 : 40 = ___

ZT	T	H	Z	E			ZT	T	H	Z	E
1	3	5	6	0	: 4 0	=					3
1	2	0									
	1	5	6								

Julia

c) Vergleiche die beiden Aufgaben. Was fällt dir auf?

2 starke Päckchen 2

a)	b)	c)	d)	e)
48640 : 20	7740 : 30	24420 : 20	62500 : 20	222200 : 100
24320 : 40	7740 : 60	48840 : 40	125000 : 40	222200 : 50
12160 : 80	7740 : 9	97680 : 8	250000 : 4	222200 : 20
6080 : 80	7740 : 90	97680 : 80	500000 : 80	222200 : 40

76 86 129 152 258 608 860 1110 1221 1221 1221 2222 2432 3125 3125 4444 5555 6250 11110 12210 62500

3 Überschlage erst. Dividiere und prüfe mit dem Taschenrechner.

a)	b)	c)	d)	e)
7380 : 2	51030 : 90	566400 : 80	99100 : 10	197520 : 40
73800 : 20	34020 : 60	28320 : 4	49550 : 5	197520 : 60
295200 : 80	3402 : 6	141600 : 20	495500 : 50	444420 : 90
29520 : 40	68040 : 30	14160 : 40	4955 : 5	444420 : 60
59040 : 80	34020 : 90	56640 : 40	99100 : 50	444400 : 80

4

Diese große Buche erzeugt pro Stunde etwa 9000 Liter Sauerstoff.
Eine Person verbraucht in einer Stunde etwa 30 Liter Sauerstoff.

a) Für wie viele Menschen reicht diese Menge Sauerstoff?

b) Wie viele dieser Buchen wären notwendig,
um alle Menschen in Berlin für eine Stunde mit Sauerstoff zu versorgen?

W

5 Wie viel Meter Zaun werden für diese Gärten benötigt?

a) ☐ 12,50 m   b) ☐ 21,50 m   c) ☐ 15,70 m / 18,30 m   d) ☐ 17,50 m / 28,40 m   e) ☐ 30 m / 2 m

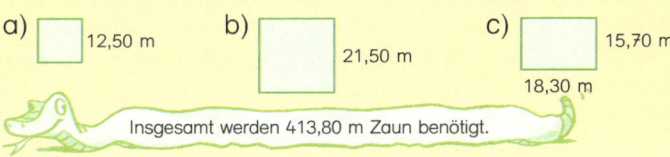

Insgesamt werden 413,80 m Zaun benötigt.

4 b) Fermi-Frage. Einwohnerzahl Berlin von Seite 30 entnehmen oder im Internet recherchieren.

1 Setze die Reihen aus dem großen Einmaleins fort.

a)
1 · 12 = 12
2 · 12 = 24
3 · 12 =
4 · 12 =
5 · 12 = 60
6 · 12 =

b)
1 · 50 =
2 · 50 =
3 · 50 =
4 · 50 =
5 · 50 =

c)
1 · 25 =
2 · 25 =
3 · 25 =
4 · 25 =
5 · 25 = 125

d)
1 · 30 =
2 · 30 = 60
3 · 30 =
4 · 30 =
5 · 30 =

e)
1 · 15 =
2 · 15 =
3 · 15 =
4 · 15 =
5 · 15 = 75

2 Dividiere schriftlich. Nutze die Einmaleinsreihen.

672 : 12

6 7 2 : 1 2 = 5 6
6 0
  7 2
  7 2
    0

Kontrolliere mit dem Taschenrechner.

a) 168 : 12
216 : 12
348 : 12
660 : 12
804 : 12

b) 14 808 : 12
28 140 : 12
41 472 : 12
54 804 : 12
68 136 : 12

c) 12 480 : 15
14 310 : 15
21 780 : 15
44 805 : 15
64 935 : 15

3

a) 9 750 : 50
9 750 : 25

1 950 : 50
1 950 : 25

11 250 : 50
11 250 : 25

b) 2 250 : 25
2 250 : 50

4 500 : 50
4 500 : 25

75 350 : 25
75 350 : 50

c) 6 750 : 30
6 750 : 15

16 650 : 30
16 650 : 15

19 980 : 30
19 980 : 15

d) 23 670 : 15
23 670 : 30

351 750 : 15
351 750 : 30

74 430 : 30
74 430 : 15

e) 38 520 : 12
38 520 : 24

118 512 : 12
118 512 : 24

7 848 : 12
7 848 : 24

Kontrolliere mit dem Taschenrechner.

4 a)  19 320 93 240 344 400 30 15

b)  732 600 72 600 73 800 25 12

Kontrolliere mit dem Taschenrechner.

5

So viele Kinder waren im Schuljahr 2010/2011 in den Grundschulen.

· Schleswig-Holstein 106 258
· Niedersachsen 296 430
· Hamburg 51 249
· Bremen 20 674
· Hessen 209 767
· Nordrhein-Westfalen 662 508
· Rheinland-Pfalz 145 693
· Saarland 31 094

Wie viele Klassen wären das ungefähr?

a) bei 30 Kindern pro Klasse   b) bei 20 Kindern pro Klasse   c) bei 25 Kindern pro Klasse

Vergleicht mit eurer Schule.

Im Kopf oder schriftlich dividieren. Zusammenhänge nutzen.

1 Die Jugendherberge Bad Iburg hat Dreibettzimmer und Vierbettzimmer. Insgesamt sind es 36 Betten in elf Zimmern. Wie viele Dreibettzimmer und wie viele Vierbettzimmer stehen zur Verfügung?

2 Auf dem Bauernhof leben Hühner und Kaninchen. Sie haben zusammen 38 Beine und 14 Köpfe. Wie viele Hühner und wie viele Kaninchen sind es?

3 Ali hat schwarze, blaue und rote Strümpfe. Im Dunkeln holt er zwei Strümpfe aus dem Schrank. Wie viele Farbkombinationen sind möglich?

4 Tina, Fabio, Marie, Mona, Ria und Kevin trainieren Weitsprung.
Tina springt weiter als Mona, aber nicht so weit wie Kevin.
Fabio springt nicht so weit wie Mona, aber weiter als Marie.
Ria springt nicht so weit wie Marie. Welches Kind springt am weitesten?

5 25 Kinder stellen sich der Größe nach auf. Links neben Emma stehen sechs Kinder mehr als rechts neben Emma.
An der wievielten Stelle von links steht Emma?

6 Als Anna acht Jahre alt war, war ihr Vater 38 Jahre alt.
Nun ist ihr Vater doppelt so alt wie Anna.
Wie alt ist Anna?

7 Tim wiegt 45 kg. Oma ist 7 kg schwerer als Tim.
Tim und Oma sind zusammen doppelt so schwer wie Lisa.
Lars ist halb so schwer wie Tim. Wie schwer sind jeweils Oma, Lisa und Lars?

8 15 Dosen werden an drei Kinder verteilt. Fünf Dosen sind voll mit Keksen, fünf sind leer und fünf Dosen sind halb voll.
Jedes Kind soll gleich viele Kekse erhalten. Wie teilen die Kinder, ohne eine Dose zu öffnen?

9 Ben hat 16 Fünfzig-Cent-Münzen gespart, Tilo 22 Zwanzig-Cent-Münzen. Jeder gibt täglich eine seiner Münzen aus. Eines Tages sagt Tilo: „Ab heute habe ich mehr Geld als du."
Am wievielten Tag ist das?

10 Eine Schnecke ist in einen 10 m tiefen Brunnen gefallen. Sie kriecht jeden Tag 3 m hoch, nachts rutscht sie wieder 2 m zurück. Nach wie vielen Tagen ist sie wieder oben?

Diff.: Lösungswege erklären und begründen. **4** Überbestimmt.
8 Evtl. eine Lösungsskizze anlegen. **9** Evtl. Geld bereitstellen.

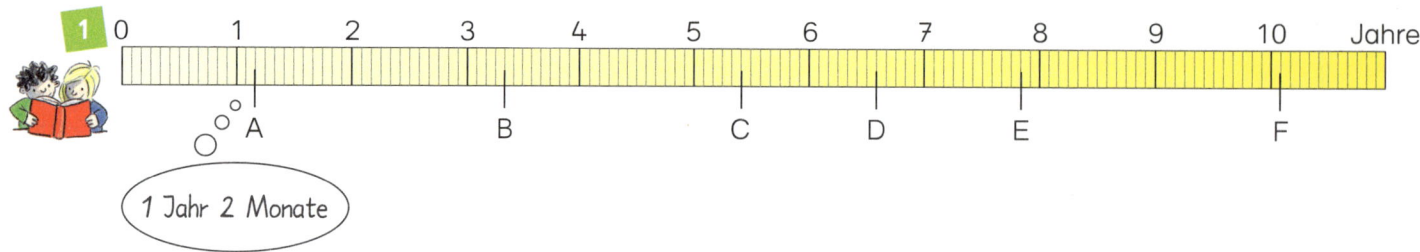

1 0　1　2　3　4　5　6　7　8　9　10　Jahre

A　B　C　D　E　F

1 Jahr 2 Monate

Furkan ist 10 Jahre alt und geht in die 4. Klasse.

a) Wie alt ist Furkan jeweils?

A Furkan lernt laufen.	D Furkan wird eingeschult.
B Seine Schwester wird geboren.	E Furkan beginnt Gitarre zu spielen.
C Er schafft das Seepferdchen.	F Er erlebt seine erste Klassenfahrt.

b) Übertragt Furkans Zeitleiste in Jahreszahlen.
Er wurde im Februar 2002 geboren.
Tragt statt des Alters jeweils die Jahreszahlen ein.

2000　Geburt　2005

2 Erstelle deine eigene Zeitleiste mit Jahreszahlen.
a) Schreibe wichtige Ereignisse deines Lebens auf.
Notiere dazu den Buchstaben, dein genaues Alter und die Jahreszahl.
b) Trage die Ereignisse mit den passenden Buchstaben in eine Zeitleiste ein.

3 In welchem Jahr war es ungefähr?

1850　　**1900**　　**1950**　　**2000**

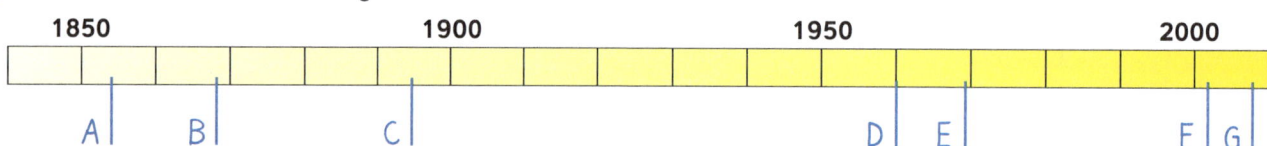

A　B　C　D　E　F　G

A Die Glühbirne wird erfunden.	E Der erste Mensch betritt den Mond.
B Das Fahrrad wird erfunden.	F Der Euro wird eingeführt.
C Das erste Kino wird eröffnet.	G Deutschland wird Fußballweltmeister
D Der erste Nachrichtensatellit umkreist die Erde.	bei den Frauen.

 **4** a) Wie viele Monate sind ungefähr seit der ersten Mondlandung vergangen?

 b) Wie viele Tage sind seit Einführung des Euros ungefähr vergangen?

c) Stellt euch mit Hilfe der Zeitleiste gegenseitig solche Fragen.

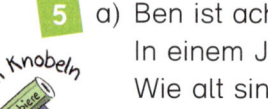 **5** a) Ben ist acht Jahre älter als sein Bruder Jonas.
In einem Jahr wird Ben doppelt so alt wie Jonas sein.
Wie alt sind die Brüder jetzt?

b) Jasmin ist 24 Jahre jünger als ihre Mutter.
In zwei Jahren wird ihre Mutter neunmal so alt wie Jasmin sein.
Wie alt sind Jasmin und ihre Mutter jetzt?

Aufbau der verschiedenen Zeitleisten besprechen.
3 Diff.: Weitere historische Ereignisse einordnen. Lexika und Internet als Quelle.

6  **Galileo Galilei**
1564 – 1642
Großer italienischer Naturforscher und Astronom.
Er erforschte auch die Pendelgesetze.

1000				1500				2000	

Das Pendel

Als Gewicht könnt ihr auch eine Schraubenmutter verwenden.

a) Zeigt an der Zeitleiste, wann Galileo Galilei ungefähr gelebt hat.

b) Forschungsauftrag — Baut ein Sekundenpendel. Wie lang muss der Faden sein, damit das Pendel in einer Sekunde von links nach rechts schwingt?

Lasst das Pendel mindestens 10-mal hin und her schwingen.

c) Forschungsauftrag — Wie oft schwingen verschieden lange Pendel in einer Minute? Probiert aus. Legt eine Tabelle an.

7 Wenn man eine kurze Zeitdauer angeben will, verwendet man die Einheit **Sekunden**.

> **60 Sekunden = 1 Minute**
> 60 s = 1 min

a) Eine Stunde hat _____ Sekunden.
b) Ein Tag hat _____ Sekunden.
c) Eine Woche hat _____ Sekunden.
d) Setze fort, so weit du kannst.

8 Wie lange braucht ihr dafür? Vermutet erst, messt dann.

A, B, C, D, …

a) Das ABC aufsagen.
b) Bis 50 zählen.
c) Einen Stift anspitzen.
d) Die Schnürsenkel binden.

e) Einmaleins der 7 aufsagen.
f) Das Wort „Mathematik" schreiben.
g) Euren Lieblingswitz erzählen.
h) Das „Haus vom Nikolaus" zeichnen.

9 zum Knobeln — Zwei Knappen polieren die Rüstungen ihrer Ritter. Eines Tages sagt Alfried zu Bernulf: „Ich putze schneller als du. In zwei Minuten schaffe ich einen Helm, du brauchst dafür drei Minuten. Ich lasse dir zehn Minuten Vorsprung und hole dich noch ganz schnell ein." Wann wird Bernulf von Alfried tatsächlich eingeholt?

W

10 Sieben Aufgaben sind falsch gelöst. Rechne sie richtig.

a) 212 · 34
6360
848
7208
Luca

b) 4321 · 13
4321
12963
17284
Mehmet

c) 402 · 53
20100
1206
21306
Anna

d) 642 · 35
1820
3210
5030
Sophie

e) 4620 · 93
414180
13806
427986
Marie

f) 607 · 21
1214
607
1821
Elias

g) 8092 · 35
242760
40460
283220
Paul

h) 7105 · 4
284200
Leila

i) 623 · 56
31050
3738
34788
Jakob

j) 775 · 28
15500
56560
58140
Ole

11 a) 7,45 € · 80
9,37 € · 75

b) 89,30 € · 47
86,25 € · 27

c) 27,03 € · 14
80,96 € · 60

d) 39,48 € · 77
70,86 € · 31

378,42 €   2196,66 €
483,90 €   2328,75 €
596,00 €   3039,96 €
702,75 €   4197,10 €
          4857,60 €

1 Welche Uhr zeigt die genaue Zeit?

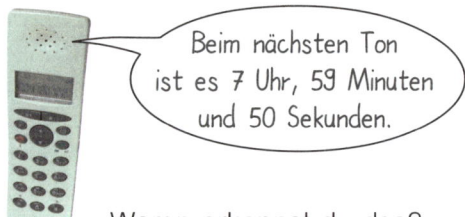

Beim nächsten Ton ist es 7 Uhr, 59 Minuten und 50 Sekunden.

Woran erkennst du das?

2 Schreibe die genaue Zeit auf.

a)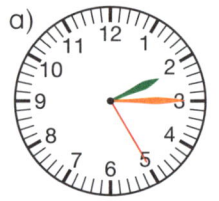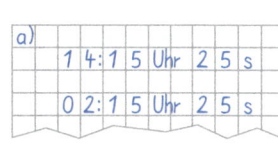

a)
| 1 4 : 1 5 | Uhr | 2 5 | s |
| 0 2 : 1 5 | Uhr | 2 5 | s |

b) 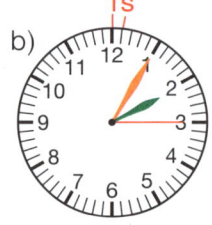 c)  d)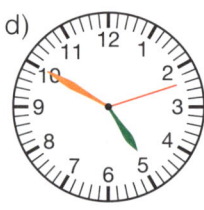

e) 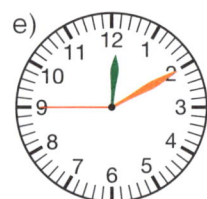 f) 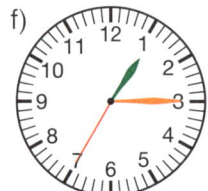 g)  h) 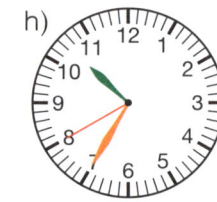 i)

3 Wie viel Sekunden sind jeweils vergangen?

a)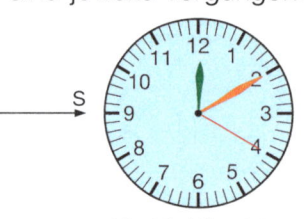

12:10 Uhr 0 s   12:10 Uhr 20 s

b)

c) 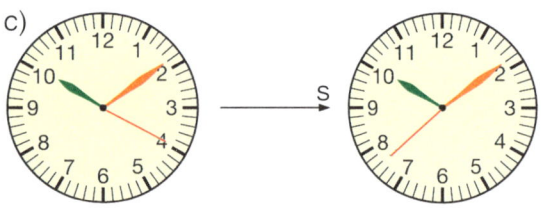 d)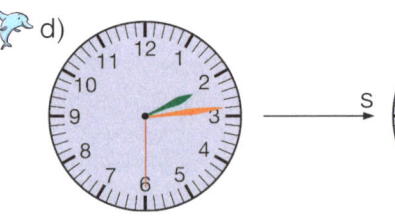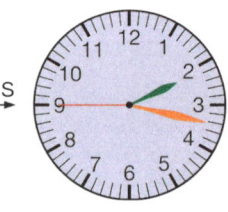

4 Wie spät ist es jeweils
a) eine halbe Stunde danach?   b) 20 Sekunden später?   c) 2 Minuten früher?

06:15 00	11:48 00	17:45 02	10:35 15
12:17 10	17:17 15	14:47 35	18:08 19
18:19 20	22:56 40	03:03 24	10:37 45

5 Rechne um in Sekunden.

a) 2 min b) 5 min c) 10 min d) 3 min e) 8 min 3 s f) 15 min
   2 min 30 s 7 min 10 min 45 s 3 min 10 s 8 min 30 s 16 min
   2 min 45 s 7 min 15 s 10 min 59 s 3 min 25 s 8 min 55 s 16 min 30 s

6 Rechne um in Minuten und Sekunden.

a) 70 s b) 100 s c) 150 s d) 600 s e) 15 s f) 30 s
   90 s 200 s 180 s 800 s 150 s 300 s
   120 s 300 s 210 s 1 000 s 1 500 s 3 000 s

a) 70 s = 1 min 10 s

7 Rechne um in Minuten.

a) 1 h b) 2 h 30 min c) 1 h 57 min d) $2\frac{1}{2}$ h e) 2 Tage
   2 h 3 h 20 min 1 h 59 min $3\frac{1}{4}$ h 2 Wochen
   5 h 4 h 10 min 1 h 61 min $4\frac{3}{4}$ h 1 Woche 1 Tag

8

a) Wer ist beim 800-m-Lauf am schnellsten gelaufen?
   Wer ist am langsamsten gelaufen?
b) Ordnet die Ergebnisse der Größe nach.
c) Wie viel schneller ist der schnellste Läufer als der langsamste?

Name	Zeit
Jim	4 min 44 s
Lilli	4 min 5 s
Janis	5 min 4 s
Merle	3 min 29 s

9 Führt einen 800-m-Lauf durch.

a) Messt die Zeiten und tragt sie in eine Tabelle ein.
b) Wer ist am schnellsten gelaufen?
c) Findet weitere Fragen und beantwortet sie.

Name	Zeit

10 Beim 400-m-Lauf erreichte Mirko das Ziel nach 2 min 7 s.
Jannik war 12 s langsamer als Mirko. Alina war 5 s schneller als Mirko.
Celine kam eine halbe Minute später ins Ziel als Jannik.
Wie viel Zeit benötigten die Kinder jeweils?

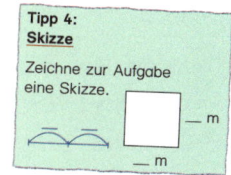
Tipp 4:
Skizze
Zeichne zur Aufgabe eine Skizze.
— m

W

11 Zerlege große Zahlen.

a) **150 000**

5 ·
50 ·
500 ·
·
·

a) 150 000
   5 · 30 000
   50 ·
   500 ·

b) **300 000**

6 · 50 000
60 ·
600 ·

c) **320 000**

80 000 ·
8 000 ·
800 ·

d) **180 000**

3 ·
30 ·
300 ·

Abfahrt			**DB**	Bielefeld Hbf	
Zeit	Zug	Richtung			Gleis
		08:00			
08:00	RE 10605	**Minden** Herford 08:07 – Löhne (Westf) 08:13 – Bad Oeyenhausen 08:18 – Porta Westfalica 08:24 – Minden 08:30			2
08:09	WFB90490	**Bad Bentheim** Brake 08:13 – Herford 08:20 – Hiddenhausen-Schweicheln 08:37 – Kirchlengern 08:41 – Bünde (Westf) 08:45 – Bruchmühlen 08:52 – Melle 08:57 – Westerhausen 09:01 – Wissingen 09:06 – Osnabrück Hbf 09:12 – Osnabrück Altstadt 09:15 – Ibbenbüren-Laggenbeck 09:26 – Ibbenbüren 09:29 – Ibbenbüren-Esch 09:33 – Hörstel 09:37 – Rheine 09:46 – Salzbergen 09:52 – Schüttorf 09:58 – Bad Bentheim 10:03			3 A–C
08:14	NWB75511	**Münster Hbf** Brackwede 08:18 – Gütersloh Hbf 08:27 – Rheda-Wiedenbrück 08:37 – Herzebrock 08:45 – Clarholz 08:50 – Beelen 08:59 – Warendorf 09:09 – Raestrup-Everswinkel 09:22 – Telgte 09:30 – Münster Hbf 09:45			1
08:15	ERB90231	**Lemgo-Lüttfeld** Bielefeld Ost 08:18 – Oldentrup 08:22 – Ubbedissen 08:26 – Oerlinghausen 08:29 – Helpup 08:36 – Ehlenbruch 08:38 – Lage 08:44 – Hörstmar 08:50 – Lemgo 08:54 – Lemgo-Lüttfeld 08:57			6
08:21	ERB89972	**Münster Hbf** Brackwede 08:24 – Isselhorst-Avenwedde 08:28 – Gütersloh Hbf 08:32 – Rheda-Wiedenbrück 08:37 – Oelde 08:48 – Neubeckum 08:53 – Ahlen 08:59 – Heessen 09:05 – Hamm 09:10 – Bockum-Hövel 09:23 – Mersch 09:28 – Drensteinfurt 09:31 – Rinkerode 09:36 – Münster-Hiltrup 09:40 – Münster Hbf 09:47			3 C–E
08:22	RE 4875	**Braunschweig Hbf** Herford 08:30 – Löhne 08:38 – Bad Oeynhausen 08:48 – Porta Westfalica 08:55 – Minden 09:01 – Bückeburg 09:13 – Stadthagen 09:20 – Haste 09:29 – Wunstorf 09:34 – Hannover Hbf 09:50 – Lehrte 10:05 – Hämelerwald 10:12 – Vöhrum 10:17 – Peine 10:22 – Vechelde 10:31 – Braunschweig Hbf 10:41			5
08:27	NWB75571	**Halle(Westf)** Brackwede 08:31 – Quelle-Kupferheide 08:34 – Quelle 08:36 – Steinhagen Bielef. Str. 08:43 – Steinhagen 08:46 – Künsebeck 08:50 – Halle(Westf) 08:53			6
08:29	ICE 543	**Berlin Hbf** Hannover Hbf 09:28 – Berlin-Spandau 11:25 – Berlin Hbf 11:38			2
08:31	ICE 946	**Köln Hbf** Hamm 08:57 – Dortmund Hbf 09:15 – Bochum Hbf 09:28 – Essen Hbf 09:39 – Duisburg Hbf 09:52 – Düsseldorf Hbf 10:06 – Köln Hbf 10:32			4
08:39	NWB75423	**Paderborn Hbf** Brackwede 08:43 – Brackwede Süd 08:47 – Windelsbleiche 08:51 – Sennestadt 08:55 – Schloß Holte 09:06 – Hövelriege 09:13 – Hövelhof 09:19 – Sennelager 09:27 – Paderborn-Schloss Neuhaus 09:34 – Paderborn Nord 09:40 – Paderborn Kasseler Tor 09:43 – Paderborn Hbf 09:46			8

ICE	InterCityExpress	ERB	Eurobahn
RE	RegionalExpress	WFB	WestfalenBahn
		NWB	NordWestBahn

1 Es ist gar nicht so einfach, Fahrpläne zu lesen.

Was bedeuten die Abkürzungen RE, ICE, ERB und NWB?

Auf welchen Gleisen fahren die ICE–Züge ab?

Welche Züge fahren am schnellsten?

2 a) Wann fährt der ICE nach Köln ab?
b) Auf welchem Gleis fährt er ab?
c) An welchen Bahnhöfen hält er an?
d) Wann kommt er in Essen an?

3 Wann fahren die Züge in Bielefeld ab und wann kommen sie am Zielort an?
a) nach Halle (Westf)
b) nach Bad Bentheim
c) nach Braunschweig
d) nach Berlin

a)	Abfahrt:		Uhr
	Ankunft:		Uhr

4 Herr Reiselustig möchte nach Münster fahren.
a) Um 07:55 Uhr ist er am Bahnhof. Wie lange muss er warten, bis der nächste Zug fährt?
b) Wie lange dauert die Fahrt nach Münster?
c) Frau Schürmann hat diesen Zug knapp verpasst. Wann fährt der nächste Zug nach Münster?

5 Welche Züge fahren von Bielefeld nach Hannover? Vergleiche die Fahrzeiten.

6

Am Sonntag will ich um 08:31 Uhr von Gleis 4 abfahren. Wie viel Zeit brauche ich bis Dortmund?

Heute will meine Schwester um 08:15 Uhr von Gleis 6 abfahren. Wie viel Zeit braucht sie bis Lage?
Jule

Denkt euch eigene Aufgaben aus.

Evtl. Gruppenarbeit: Abfahrtpläne im Internet oder am Bahnhof beschaffen. Damit eigene Aufgaben rechnen.

Abfahrt **Bielefeld Hbf**

7 Wie heißt das Ziel?
a) Die 4 b der Löns-Schule fährt um 08:15 Uhr ab. Nach 39 Minuten ist sie am Ziel.
b) Herr Marten fährt mit dem RE um 08:22 Uhr. Nach 26 Minuten ist er am Ziel.
c) Familie Schnittger fährt um 08:31 Uhr ab. Nach 1 h 35 min ist sie da.

8 Wie lange dauert die Fahrt?
a) Abfahrt 08:09 Uhr nach Rheine

1 h   ___ min

08:09   09:09   09:46

b) Abfahrt 08:22 Uhr nach Peine
c) Abfahrt 08:29 Uhr nach Berlin-Spandau
d) Abfahrt 08:39 Uhr nach Paderborn
e) Abfahrt 08:21 Uhr nach Rinkerode

9 a)

Abfahrt	08:15	08:35	09:20	10:45	10:55	11:10	11:25	12:05
Fahrzeit	45 min	45 min	45 min	1 h 20 min	1 h 20 min	2 h 50 min	55 min	59 min
Ankunft								

 b)

Abfahrt								
Fahrzeit	35 min	35 min	35 min	1 h 10 min	1 h 30 min	2 h 15 min	55 min	59 min
Ankunft	13:40	13:55	14:05	14:15	14:45	15:10	15:20	15:50

 **10** Holt euch Abfahrtspläne des nächsten Bahnhofs. Stellt euch gegenseitig Aufgaben.

 **11** Von diesen Uhren geht nur eine richtig. Eine Uhr geht 20 min vor, eine Uhr geht 20 min nach und eine Uhr steht. Wie spät ist es?

W

12 Setze +, −, · und : ein.
a)
500 000 ◯ 2 = 250 000
500 000 ◯ 2 = 1 000 000
500 000 ◯ 2 = 500 002
500 000 ◯ 2 = 499 998

b)
40 000 ◯ 5 = 40 005
40 000 ◯ 5 = 200 000
40 000 ◯ 5 = 8 000
40 000 ◯ 5 = 39 995

c)
200 000 ◯ 4 = 800 000
200 000 ◯ 4 = 50 000
200 000 ◯ 4 = 199 996
200 000 ◯ 4 = 200 004

13 Rechne geschickt.
a) 1380 · 12 : 4
b) 4890 · 48 : 6
c) 14 936 · 64 : 8
d) 5852 · 35 : 7
e) 1887 : 3 · 15
f) 12 702 : 6 · 42
g) 6633 : 9 · 45
h) 43 485 : 5 · 45
i) 12 420 : 30 · 5
j) 8650 : 20 · 4
k) 12 216 : 15 · 5
l) 612 : 12 · 3

153   416   1730   2070   4072   4140   9435   29 260   33 165   39 120   88 914   119 488   391 365

10 Alternativ: Im Internet forschen.

Das Herz schlägt pro Minute 140-mal bei einem Baby, 60-mal bei einem Erwachsenen.

Die Fingernägel wachsen in einer Woche 1 mm.

Erwachsene **atmen** etwa 20-mal pro Minute im Schlaf und etwa 60-mal pro Minute nach einer großen Anstrengung.

Ungefähr 100 000 **Haare** hat ein Mensch. Ein Haar wächst in jedem Monat etwa 1 cm.

Sieh einmal, hier steht er,
pfui! der Struwwelpeter!
An den Händen beiden
ließ er sich nicht schneiden
seine Nägel fast ein Jahr;
kämmen ließ er nicht sein Haar.
»Pfui!« ruft da ein jeder:
»Garstger Struwwelpeter!«

1 Wie oft schlägt das Herz eines Babys in einer Minute?

Emily

Eine halbe Glatze hat 50 000 Haare. Wie viele Haare hat eine ganze Glatze?

Lars

Wie lang wären meine Fingernägel, wenn man sie ein Jahr nicht schneiden würde?

Malte

a) Lies und rechne.

b) Was möchtest du noch über den menschlichen Körper wissen? Sammle weitere Daten und rechne.

2 Hat ein Mensch 1 km lange Haare, wenn er sie in 80 Jahren nie schneiden lässt?
Besprecht Ideen, wie ihr eine Lösung finden könnt.
Schreibt euren Lösungsweg auf ein Plakat. Erklärt. Vergleicht.

Rechen-konferenz

3 Untersuche:
a) Wie oft schlägt dein Herz? b) Wie oft atmest du?   c) Wie oft kannst du auf einem Bein hüpfen?

Zeit	Herzschläge
1 min	
10 min	
1 h	
6 h	

Zeit	Atemzüge
1 min	
1 h	
1 Tag	
1 Woche	

Zeit	Hüpfen
10 s	
30 s	
1 min	
1 h	

4

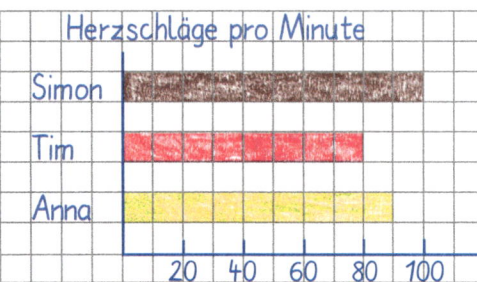

Herzschläge pro Minute

Simon

Tim

Anna

20 40 60 80 100

a) Wie oft schlägt das Herz von Simon, Tim und Anna in einer Minute?

b) Vergleicht die Herzschläge aller Kinder eurer Tischgruppe.

c) Rundet eure Zahlen auf volle Zehner. Zeichnet ein Balkendiagramm.

1 Internet und Sachbücher nutzen. **2** Fermi-Frage.
3 Rechnerisches und tatsächliches Untersuchungsergebnis vergleichen: Schafft man es wirklich, eine Stunde lang zu hüpfen?

1 Addiere alle Zahlen in jedem farbigen Streifen. Was fällt dir auf?

a)

1	2	3	4	5	6	7	8	9	10
11	12	13	14	15	16	17	18	19	20
21	22	23	24	25	26	27	28	29	30
31	32	33	34	35	36	37	38	39	40
41	42	43	44	45	46	47	48	49	50
51	52	53	54	55	56	57	58	59	60
61	62	63	64	65	66	67	68	69	70
71	72	73	74	75	76	77	78	79	80
81	82	83	84	85	86	87	88	89	90
91	92	93	94	95	96	97	98	99	100

b)

1	2	3	4	5	6	7	8	9	10
11	12	13	14	15	16	17	18	19	20
21	22	23	24	25	26	27	28	29	30
31	32	33	34	35	36	37	38	39	40
41	42	43	44	45	46	47	48	49	50
51	52	53	54	55	56	57	58	59	60
61	62	63	64	65	66	67	68	69	70
71	72	73	74	75	76	77	78	79	80
81	82	83	84	85	86	87	88	89	90
91	92	93	94	95	96	97	98	99	100

Jan entdeckt: „In jeder 2. Spalte kommen 20 dazu." Überprüfe und erkläre.

Forschungsauftrag

 2

Carl Friedrich Gauß

Er war ein berühmter Mathematiker und lebte von 1777 bis 1855. Als er neun Jahre alt war und in der Schule einmal nicht aufpasste, gab ihm der Lehrer die Aufgabe, **die Zahlen von 1 bis 100 zu addieren.** In nur wenigen Minuten fand er die Lösung.

Deutsche Mark: alte Währung.

Schaffst du es auch, alle Zahlen von **1 bis 100** geschickt zu addieren?

Rechenkonferenz

$$1 + 11 + 21 + \dots + 91 =$$
$$2 + 12 + 22 + \dots + 92 =$$
$$3 + \dots$$

Anna

$$1 + 2 + 3 \dots + 97 + 98 + 99 + 100$$
$$1 + 99 =$$
$$2 + 98 =$$
$$3 + 97 =$$
$$\vdots$$

Victor

$$1 + 2 + 3 \dots + 98 + 99 + 100$$
$$1 + 100 =$$
$$2 + 99 =$$
$$3 + 98 =$$
$$\vdots$$

Carl Friedrich

$$\_\_ \cdot 101$$

 3 Addiere alle Zahlen in den farbigen Feldern. Rechne geschickt.

a)

1	2	3	4	5	6	7	8	9	10
11	12	13	14	15	16	17	18	19	20
21	22	23	24	25	26	27	28	29	30
31	32	33	34	35	36	37	38	39	40
41	42	43	44	45	46	47	48	49	50
51	52	53	54	55	56	57	58	59	60
61	62	63	64	65	66	67	68	69	70
71	72	73	74	75	76	77	78	79	80
81	82	83	84	85	86	87	88	89	90
91	92	93	94	95	96	97	98	99	100

b)

1	2	3	4	5	6	7	8	9	10
11	12	13	14	15	16	17	18	19	20
21	22	23	24	25	26	27	28	29	30
31	32	33	34	35	36	37	38	39	40
41	42	43	44	45	46	47	48	49	50
51	52	53	54	55	56	57	58	59	60
61	62	63	64	65	66	67	68	69	70
71	72	73	74	75	76	77	78	79	80
81	82	83	84	85	86	87	88	89	90
91	92	93	94	95	96	97	98	99	100

1 Diff.: Eigene Muster entwerfen und berechnen.

1 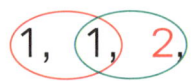 1, 1, 2, 3, 5, 8, 13, 21, …

Findest du die **Regel**? Setze fort.

Das ist Leonardo von Pisa,
auch Fibonacci genannt.

2 Setze die Folgen nach dieser Regel fort. Schreibe weitere fünf Zahlen.

a) 2, 2, 4, …
b) 3, 3, 6, …
c) 5, 5, 10, …
d) 10, 10, 20, …

e) 3, 4, 7, …
f) 5, 6, 11, …
g) 7, 8, 15, …
h) 9, 10, 19, …

 i) 19, 20, 39, …
j) 49, 50, 99, …
k) 99, 100, 199, …
l) 100, 101, 201, …

3 Jetzt mit größeren Zahlen. Wie weit kommst du?

a) 400, 400, 800, …
b) 200, 400, 600, …
c) 5000, 6000, 11000, …

d) 3000, 5000, 8000, …
e) 1200, 1500, 2700, …
f) 1100, 1400, 2500, …

4 Immer noch dieselbe Regel. Setze fort.

a) 1111, 1111, …
b) 2222, 3333, …
c) 9900, 10999, …

d) 10101, 20202, …
e) 10222, 19888, …
f) 11111, 28766, …

g) 12345, 23456, …
h) 17464, 22536, …
i) 13579, 24680, …

5 Erfinde eigene Folgen.

6 a)

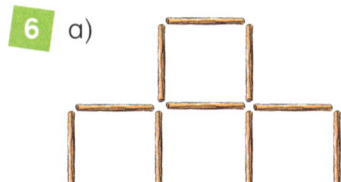

Lege Stäbe um.
Es entstehen vier gleich
große Quadrate.

b)

Nimm zwei Stäbe
weg. Es bleiben
zwei Rechtecke.

c)

Lege drei Stäbe so um, dass sieben
gleich große Quadrate entstehen.

d)

Lege zwei Stäbe um.
Es entstehen zwei Rechtecke.

e)

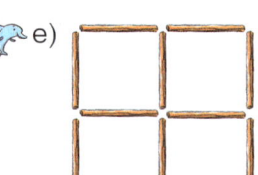

Nimm zwei Stäbe weg.
Dann bleiben zwei Quadrate.

f)

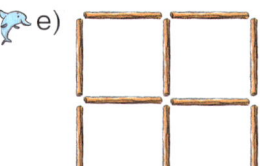

Nimm fünf Stäbe weg.
Es bleiben drei Quadrate.

7 a)

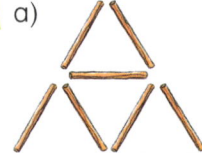

Nimm zwei Stäbe weg.
Es bleiben zwei Dreiecke.

b)

Lege zwei Stäbe
so um, dass vier
Dreiecke entstehen.

c)

Lege zwei Stäbe
um. Es entsteht
ein Dreieck.

1 bis **4** Die Summe zweier nebeneinander liegender Zahlen ergibt die nächste Zahl.
Diese Regel wurde von Leonardo von Pisa, genannt Fibonacci, entdeckt. Dieser italienische Kaufmann lebte um 1200.
6 e) und **7** a) Zwei ineinander liegende, nicht gleich große Figuren.

sicher	sehr wahrscheinlich		weniger wahrscheinlich	unmöglich
immer	häufig		selten	nie

Zahlen ziehen

Tausender — Hunderter — Zehner — Einer

Antonia und Sinan haben vier Kisten mit Ziffernkarten von 0 bis 9.
Ohne hinzuschauen ziehen sie eine Karte aus jeder Kiste
und tragen die Ziffern in eine Stellentafel ein. Welche Zahl ist es?
Die Karten legen sie dann wieder zurück.

T	H	Z	E	Zahl	gewonnen ja	nein
7	5	4	8	7 5 4 8		
0	6	3	0	6 3 0		

1 Spielt das Spiel.
   a) Wer die größere Zahl zieht, gewinnt.   b) Wer die kleinere Zahl zieht, gewinnt.

2 a) Was ist wahrscheinlicher?   b) Was ist unwahrscheinlicher?

   A „Meine Zahl ist größer als 3000."   A „Meine Zahl ist kleiner als 7000."

   B „Meine Zahl ist kleiner als 3001."   B „Meine Zahl ist größer als 6999."

   c) Wie viele mögliche Zahlen kann man ziehen?

3 Sicher, sehr wahrscheinlich, weniger wahrscheinlich oder unmöglich?
   Entscheide und begründe.

   A „Meine Zahl ist 8888."   C „Meine Zahl ist 45613."

   B „Meine Zahl ist größer als 2000."   D „Meine Zahl ist kleiner als 10000."

4 Antonia hat vor dem Ziehen aus einer Kiste Ziffernkarten herausgenommen.
   Sie behauptet: „Nun ist meine Zahl sehr wahrscheinlich kleiner als 4000."

   Welche Ziffern hat sie wahrscheinlich
   aus welcher Kiste herausgenommen?
   Begründe.

   Aus ____ –Kiste
   herausgenommen: [ ] [ ]

W

5 Rechne die Fahrzeiten aus.

Abfahrt	a) 8:45 Uhr	a) 2 h 20 m	b) 11:20 Uhr	c) 12:35 Uhr	d) 13:30 Uhr	e) 15:55 Uhr
Ankunft	11:05 Uhr	b) 1	12:35 Uhr	13:00 Uhr	15:00 Uhr	17:00 Uhr

Abfahrt	f) 17:45 Uhr	g) 18:30 Uhr	h) 20:10 Uhr	i) 22:30 Uhr	j) 00:35 Uhr	k) 02:45 Uhr
Ankunft	18:20 Uhr	20:05 Uhr	22:30 Uhr	00:00 Uhr	02:00 Uhr	05:10 Uhr

1 a) Der Wassertropfen ist 10-fach vergrößert.

10 mm im Bild bedeuten 1 mm in Wirklichkeit.

__ mm   __ mm

Vergrößerung	wirkliche Größe
10 zu 1	
10 : 1	

b) Diese Lupe vergrößert auf das Doppelte.

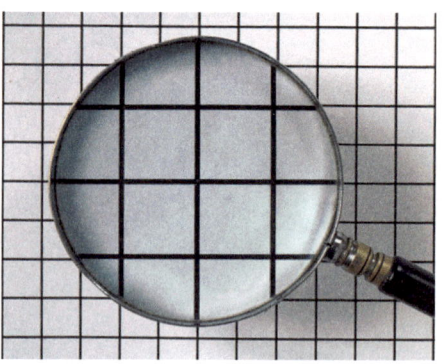

Erkläre.

in der Lupe	wirkliche Größe
2 zu 1	
2 : 1	

2 Der Kartoffelkäfer ist mehrmals vergrößert abgebildet.
Miss die Körperlängen und vergleiche immer mit der wirklichen Größe.

Wirkliche Größe

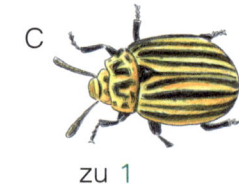

1 zu 1
1 : 1

A   __ zu 1

B   __ zu 1

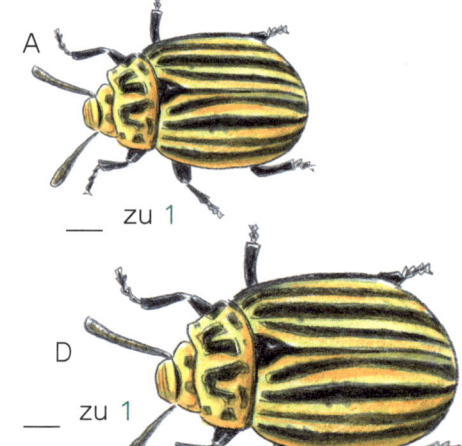

C   __ zu 1

D   __ zu 1

3 Warum bildet man manche Dinge wohl größer als in Wirklichkeit ab? Suche weitere Beispiele.

4 a) Zeichne die Figuren vergrößert, jede Linie doppelt so lang.

Deine Zeichnung ist dann im Maßstab 2 zu 1 vergrößert.

A   B   C   D   E

b) Zeichne jede Linie dreimal so lang (Maßstab 3 zu 1).

2 Körperlänge ohne Fühler messen.

1 Wie lang und wie hoch sind die Tiere ungefähr?

Das Meerschweinchen ist in Wirklichkeit 10-mal so groß.

Dieser Elefant ist in Wirklichkeit 100-mal so groß.

Der Dinosaurier war 300-mal so groß.

verkleinerte Abbildung	wirkliche Größe
1 :	**10**
zu	

1 cm im Bild bedeutet 10 cm in Wirklichkeit.

verkleinerte Abbildung	wirkliche Größe
1 :	**100**
zu	

verkleinerte Abbildung	wirkliche Größe
1 :	**300**
zu	

2 Wie lang sind die Tiere in Wirklichkeit?

Der Löwe
im Maßstab 1 : 60

Der Blauwal
im Maßstab 1 : 1000

Das Nilpferd
im Maßstab 1 : 100

Das Nashorn
im Maßstab 1 : 100

Der Wolf
im Maßstab 1 : 40

Das Nilkrokodil
im Maßstab 1 : 200

3 Warum bildet man manche Dinge wohl kleiner als in Wirklichkeit ab?
Suche Abbildungen. Schreibe auf, wie groß die Dinge in Wirklichkeit sind.

Deine Zeichnung ist dann im Maßstab 1 : 2 verkleinert.

4 a) Zeichne die Figuren verkleinert, jede Linie halb so lang.

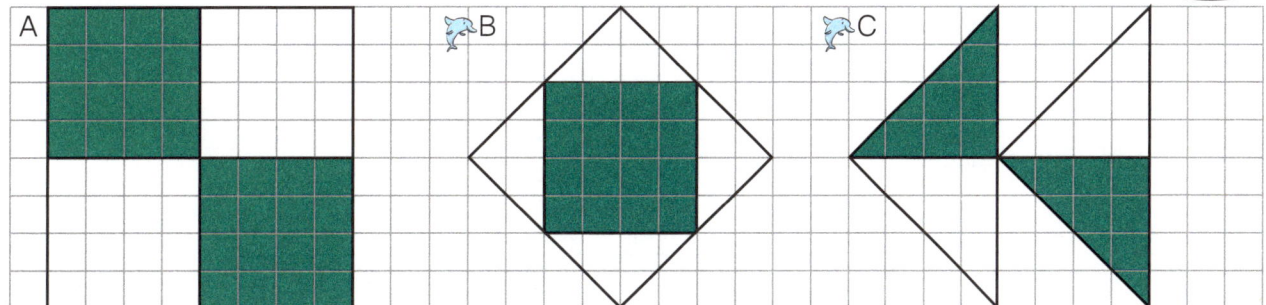

b) Zeichne jede Figur verkleinert im Maßstab 1 : 4.

1

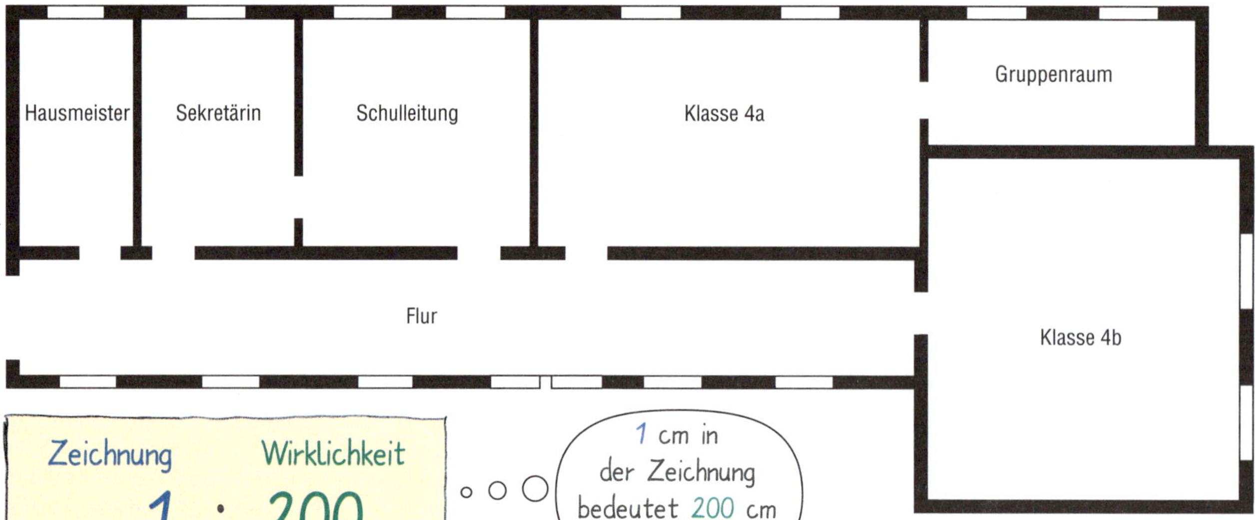

| Hausmeister | Sekretärin | Schulleitung | Klasse 4a | Gruppenraum |

Flur

Klasse 4b

| Zeichnung | Wirklichkeit |
| 1 : 200 |
| zu |

1 cm in der Zeichnung bedeutet 200 cm in Wirklichkeit.

Hausmeister
Länge: 6 m
Breite:

Das Erdgeschoss der Marktschule soll renoviert werden.
Die Handwerker brauchen die Maße.
Wie lang und wie breit sind die Räume in Wirklichkeit?

2 a) Messt euren Klassenraum. Zeichnet im Maßstab 1:100.
     b) Vergleicht die Größe mit anderen Klassenräumen.
     c) Zeichnet auch Tische, Schränke und Regale ein.

3 Miss zu Hause einen Raum aus.
Zeichne den Grundriss im Maßstab 1:100 oder 1:50.

4 Berechne im Maßstab 1:200.

Zeichnung	4 cm	10 cm	20 cm	50 cm	100 cm	5 mm	10 mm	15 mm	100 mm
Wirklichkeit	800 cm								

5 Berechne im Maßstab 1:100.

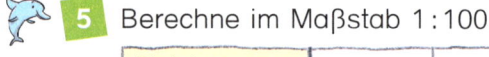

Zeichnung	6 cm	8 cm	16 cm	$2\frac{1}{2}$ cm	25 cm				
Wirklichkeit	6 m					100 cm	50 cm	10 cm	1000 mm

W

6 Verwende immer diese drei Zahlen: 20   60   300

zum Knobeln

a) 20 · 300 + ☐ = 6 060   c) ☐ · ☐ – ☐ = 900   e) ☐ · ☐ : ☐ = 900

b) ☐ · ☐ + ☐ = 1 500   d) ☐ · ☐ – ☐ = 5 940   f) ☐ · ☐ : ☐ = 100

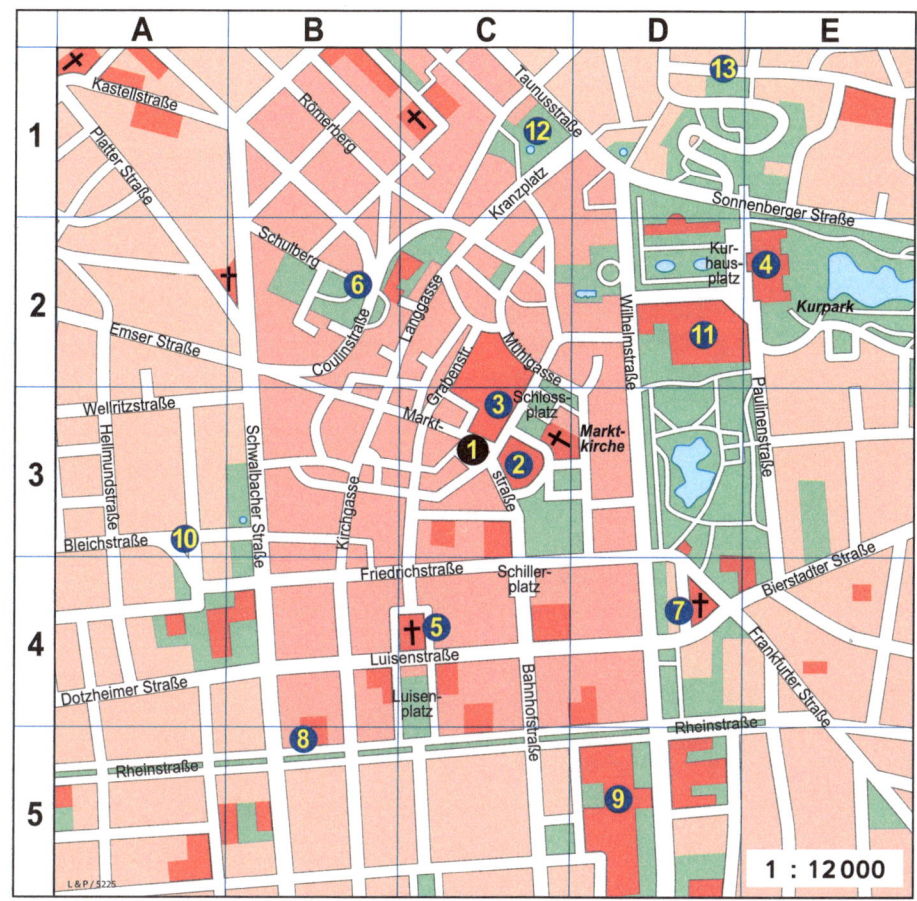

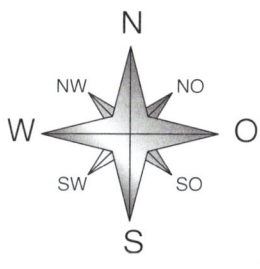

Wiesbaden

Hessische Landeshauptstadt

1. Marktbrunnen
2. Rathaus
3. Hessischer Landtag
4. Kurhaus
5. Kirche St. Bonifatius
6. Römertor
7. The Church of St. Augustine
8. Hessische Landesbibliothek
9. Rhein-Main-Hallen
10. Platz der Deutschen Einheit
11. Hessisches Staatstheater
12. Kochbrunnenplatz
13. Schöne Aussicht

1 : 12000

1 Was siehst du auf dem Stadtplan? Erzähle.

2 Der Stadtplan ist in Planquadrate eingeteilt. In welchem Planquadrat findest du
a) das Rathaus?
b) das Kurhaus? [a) C 3]
c) den Hessischen Landtag?
d) die Rhein-Main-Hallen?
e) die Hessische Landesbibliothek?
f) die englische Kirche St. Augustine?

3 In welcher Himmelsrichtung liegt vom Marktbrunnen aus
a) das Hessische Staatstheater? [a) im Nordosten]
b) der Kochbrunnenplatz?
c) die Schöne Aussicht?
d) der Platz der Deutschen Einheit?
e) die Kirche St. Bonifatius?
f) das Römertor?

4 Orientiert euch auf einem Stadtplan eures Wohnortes.

a) Wie weit wohnt jeder von der Kirche entfernt?
b) Wie weit ist es von der Schule bis zum Spielplatz?
c) Wie weit ist es zu Fuß bis zur Schule?
d) Sucht eigene Wege.

W

5
a)
$\_\_ \cdot 3 = 210$
$\_\_ \cdot 4 = 3600$
$\_\_ \cdot 8 = 48000$
$\_\_ \cdot 7 = 420$
$\_\_ \cdot 6 = 2400$

b)
$5 \cdot \_\_ = 30000$
$9 \cdot \_\_ = 5400$
$6 \cdot \_\_ = 1800$
$8 \cdot \_\_ = 560$
$9 \cdot \_\_ = 81000$

c)
$7 \cdot \_\_ = 280000$
$6 \cdot \_\_ = 4800$
$9 \cdot \_\_ = 720$
$4 \cdot \_\_ = 40000$
$9 \cdot \_\_ = 450$

d)
$2700 : \_\_ = 30$
$42000 : \_\_ = 6$
$560000 : \_\_ = 7000$
$300 : \_\_ = 30$
$12000 : \_\_ = 2000$

1 Überschlagen und rechnen

Können die Ergebnisse stimmen? Prüfe mit einem Überschlag.

$426 \cdot 18 = 7668$
Ben

$897 \cdot 300 = 242\,100$
Amelie

$7832 : 4 = 1958$
Erkan

$37\,080 : 60 = 718$
Malte

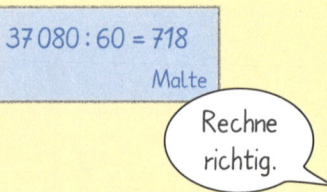
Rechne richtig.

2 Längen

Ordne nach der Länge.

a) 895 m | 4 300 m | 1 km | 0,9 km

b) 4 cm 5 mm | 2,25 m | 85 mm | 215 cm

3 Gewichte

< oder = oder >.

a) 2000 kg ○ 2 t

b) 3005 kg ○ 3 t

c) 7095 kg ○ 7,1 t

d) $\frac{1}{2}$ t ○ 400 kg

4 Zeit

Ordne nach der Zeitdauer.

a) 70 s | 2 min | 180 s | 1 min 11 s

b) 3 h | 170 min | $2\frac{1}{2}$ h | 2 h 59 min

5 Säulendiagramm und Tabelle

Wie viele Kinder betreiben die jeweilige Sportart?
Trage in eine Tabelle ein.

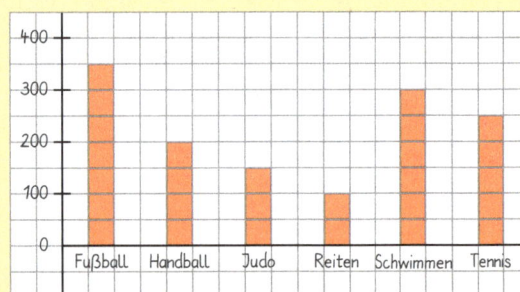

Fußball	350 Kinder
Handball	
Judo	
Reiten	
Schwimmen	
Tennis	

6 Sachrechnen

In der Klasse 4c bestellen jeden Tag 12 Kinder Schulmilch, je $\frac{1}{4}$ Liter.
Wie viel Milch trinken sie insgesamt in einem Schuljahr (40 Schulwochen)?

7 Umfang und Flächeninhalt

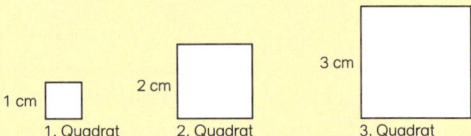

1 cm — 1. Quadrat
2 cm — 2. Quadrat
3 cm — 3. Quadrat

a) Welchen Umfang hat das 10. Quadrat?
b) Welchen Flächeninhalt hat es?

8 Parallele und senkrechte Linien

a) Zeichne vier parallele Linien, immer mit 1 cm Abstand.
b) Zeichne eine Figur mit zwei rechten Winkeln und zwei parallelen Linien.

Addieren und Subtrahieren

Addieren	Subtrahieren
640 + 310 = 950	760 − 340 = 420
Summe Summe	Differenz Differenz

Multiplizieren und Dividieren

Multiplizieren	Dividieren
7 · 80 = 560	180 : 3 = 60
Produkt Produkt	Quotient Quotient

Punktrechnen vor Strichrechnen

150 + 35 : 5 =	40 · 6 − 40 =
150 + 7 = 157	240 − 40 = 200
Zuerst dividieren, dann addieren.	Zuerst multiplizieren, dann subtrahieren.

Klammern

4 · (20 + 5) =

Klammern werden zuerst ausgerechnet.

4 · 25 = 100

Formen

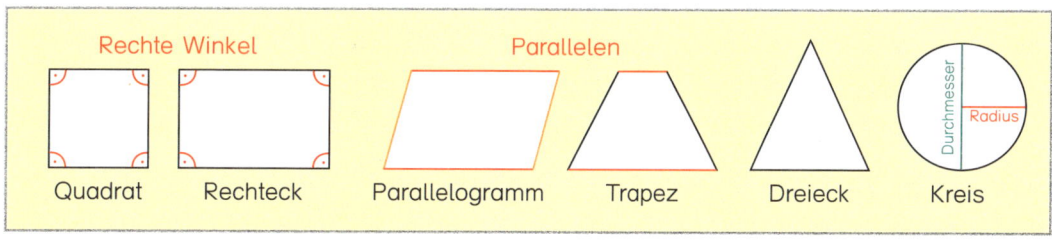

Rechte Winkel — Parallelen

Quadrat — Rechteck — Parallelogramm — Trapez — Dreieck — Kreis (Durchmesser, Radius)

Symmetrie

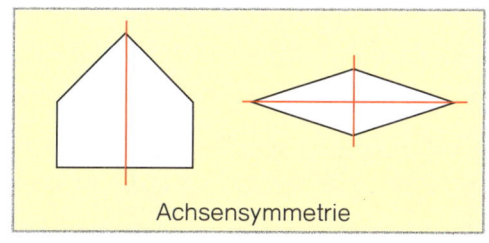

Achsensymmetrie

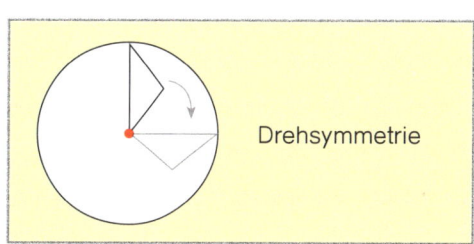

Drehsymmetrie

Körper

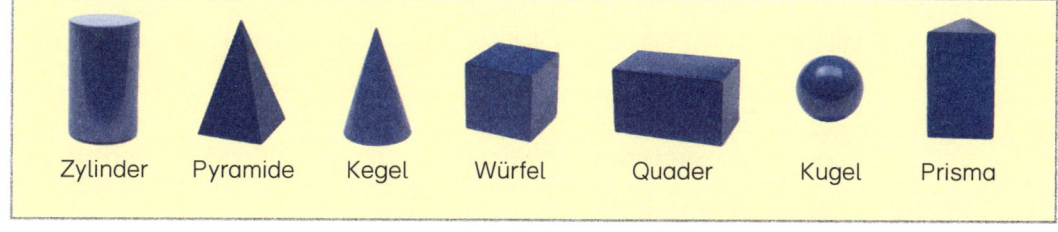

Zylinder — Pyramide — Kegel — Würfel — Quader — Kugel — Prisma

Umfang und Flächeninhalt

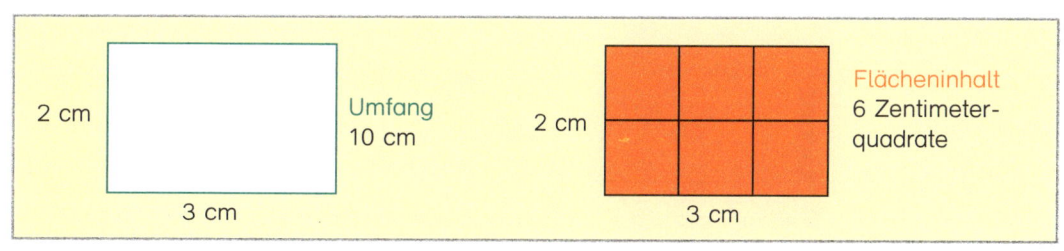

2 cm · 3 cm — Umfang 10 cm

2 cm · 3 cm — Flächeninhalt 6 Zentimeterquadrate

Geld

1 Euro = 100 Cent
1 € = 100 ct

100 € = 10 · 10 €

Längen

2 Millimeter dick

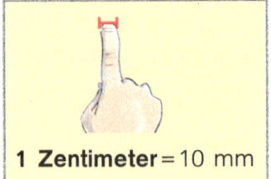

1 Zentimeter = 10 mm

1 Meter = 100 cm

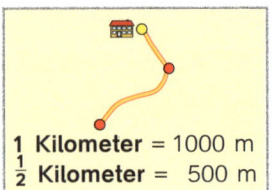

1 Kilometer = 1000 m
½ Kilometer = 500 m

Gewichte

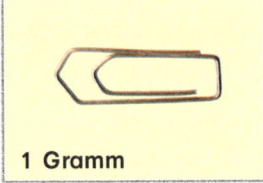

1 Gramm

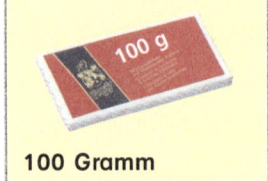

100 Gramm

1 Kilogramm = 1000 g

1 Tonne = 1000 kg

Zeit

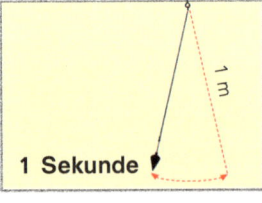

1 Sekunde

1 Minute = 60 s

1 Stunde = 60 min

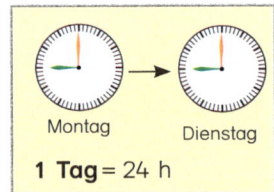

1 Tag = 24 h

1 Woche = 7 Tage

1 Monat ≈ 4 Wochen

1 Jahr = 365 Tage

Hohl-maße

2 Milliliter

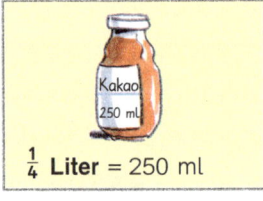

¼ Liter = 250 ml

1 Liter = 1000 ml

10 Liter

Wahr-schein-lichkeit

| sicher | sehr wahrscheinlich | weniger wahrscheinlich | unmöglich |
| immer | häufig | selten | nie |

Daten

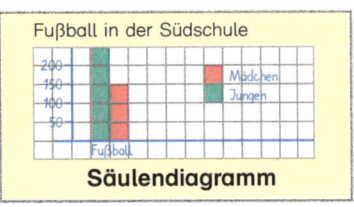

Säulendiagramm

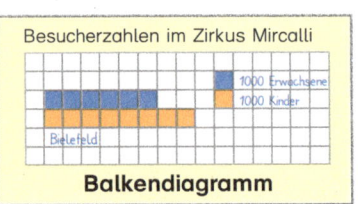

Balkendiagramm

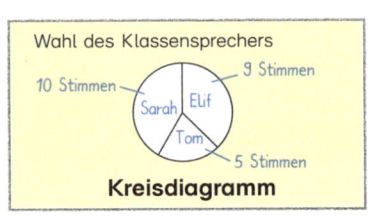

Kreisdiagramm